U0486922

一本书读懂销售心理学

潘鸿生◎编著

北京工业大学出版社

图书在版编目（CIP）数据

一本书读懂销售心理学／潘鸿生编著．—北京：北京工业大学出版社，2017.1（2022.3 重印）

ISBN 978-7-5639-5026-3

Ⅰ.①一…　Ⅱ.①潘…　Ⅲ.①销售－商业心理学－通俗读物　Ⅳ.①F713.55-49

中国版本图书馆 CIP 数据核字（2016）第 279130 号

一本书读懂销售心理学

编　　著：潘鸿生
责任编辑：贺　帆
封面设计：胡椒书衣
出版发行：北京工业大学出版社
（北京市朝阳区平乐园 100 号　邮编：100124）
010-67391722（传真）　bgdcbs@sina.com
经销单位：全国各地新华书店
承印单位：唐山市铭诚印刷有限公司
开　　本：787 毫米 ×1092 毫米　1/16
印　　张：14
字　　数：172 千字
版　　次：2017 年 1 月第 1 版
印　　次：2022 年 3 月第 4 次印刷
标准书号：ISBN 978-7-5639-5026-3
定　　价：39.80 元

前　　言

销售界流传一句名言："成功的销售员一定是一个伟大的心理学家。"一个成功的销售员往往不是因为有一副三寸不烂之舌，而是因为他精通销售心理学。销售人员在业内的地位怎样，能取得什么样的业绩，在很大程度上取决于他对客户与客户心理的掌控能力。

销售是一项伟大的事业，同时也是一门艺术，更是一场心理战争。在这个没有硝烟的销售战场中，销售人员可运用的战术变幻无常，但"心理战术"却是隐藏在所有战术背后的最根本的力量。人人都想在销售这场残酷的战争中赢得滚滚财源，但是并非每个人都能真正懂得商战谋略。

为什么一个看起来稳操胜券的单子，一夜之间就被竞争对手夺走了?

为什么无论你怎么说，客户都不买账?

为什么先期都沟通得很顺畅，一到要成交时就会遭到拒绝?

为什么无论你怎样一再保证，客户始终对你持怀疑态度?

为什么客户会被你说服，是什么样的原因使客户改变了自己先前的看法，进而做出有益于你的决定？

……

事实上，每个销售人员从一开始找到客户到完成交易，他所需要的不仅是细致的安排和周密的计划，还需要和客户进行心理上的交战，从这个角度来看，销售不仅仅是销售人员与客户之间进行商品与金钱等价交换那么简单，更需要销售人员对心理学的掌握与利用，学会洞悉他人的心理，然后对症下药，如此才能更好地提升销售业绩。

美国销售大师甘道夫博士有一句名言："销售是98%的了解人性+2%的产品知识。"由此可以看出，销售人员要想提升销售能力和销售业绩，就要上兵伐谋，攻心为上。

销售，不是简单地把商品推销给客户，而是一场心理博弈战，谁能牢牢掌握住客户的心理，谁就能在销售战中脱颖而出，成为最后的王者。所以，如果你想提升销售业绩，就一定要真正明白心理学对销售的重要性。如果你想钓到鱼，就得像鱼那样思考。如果你想成功，就要先做客户的知心人，再做赚钱的生意人！

销售首先需要考虑的不是赚取金钱，而是获得人心。不懂心理学就做不好销售。本书以心理学知识作为理论基础，汇集了大量相关的销售实战案例。书中所讲的销售策略可以帮助销售人员迅速提升销售业绩，解除和客户之间的隔阂，消除客户的心理防线，拉近与客户之间的心理距离，赢得客户的信任；帮助销售人员在销售过程中准确把握客户的心理状态，洞悉客户的心理需求、购买动机和心理弱点，以便对客户进行心理暗示，最终赢得客户的信赖，达成合作。

目　　录

第一章　销售拼的就是心态
——销售事业如此艰难，你要内心强大

第二章 销售是心与心的较量
——了解客户心理，寻找客户需求点

第三章 破译客户的身体语言密码
——读懂客户话语背后的心理潜台词

第四章 打开客户的心扉
——迅速拉近与客户的心理距离

第五章 销售攻心术
——投其所好才能赢得客户认可

第六章 成功销售的心理学定律
——你能主宰的，永远大过你想象的

第七章 成功销售的心理效应
——他山之石，可以攻玉

第八章 影响销售的心理误区
——聪明过了头，就会被聪明误

第一章 销售拼的就是心态

——销售事业如此艰难，你要内心强大

只要内心充满自信，你就会赢得客户

销售员销售的第一产品是什么？就是销售员自己。把自己成功地推销出去，销售就成功了一半。很难想象，一个对自己都没有信心的人，又怎么可以把自己、把公司的产品成功地销售给客户。

作为销售人员，你要能够看到公司和自己产品的优势，并把那些优势熟记于心。要和对手竞争，你就要有自己的优势，就要用一种必胜的信念去面对客户和消费者。因为你不仅仅是在销售商品，同时，你也是在销售你自己，客户只有先接受了你，才会接受你的商品。

有一位卖地板清洁剂的销售代表到一家饭店去销售，刚一推开经理室的门，发现先一步已有一家公司的销售代表正在销售地板清洁剂，而且经理已表示要购买。后进来的销售代表凑过去看了看说："经理，我也是销售地板清洁剂的，不过我的产品质量比他的好！"后到的销售代表将自己销售的清洁剂往地上一泼，擦了两下说："你来看！"地上变得干干净净的，先进来的销售员呆了，不知道怎么去应对。饭店经理看了后对先来的销售员说："你以后别来了，我要这家了。"可见，在销售的竞争中，谁有信心，谁就能赢得机会。

一个没有自信的人，干什么事都不容易成功。自信是成功的先决条件。销售人员只有对自己充满自信，在客户面前才会表现得落落大方、胸有成竹，才会感染、征服客户。

某小印刷公司推行扩大销售计划，每半年雇用一名销售员，新雇用的销售员必须先学习商品知识和销售技巧，然后跟着销售主管现场实习，最后才能得到该公司经理接见的机会，当经理对他讲一些带有鼓励性的话时，他就等于领到了“销售的毕业证书”。

有一年，该公司雇用了一个不成熟而且缺乏信心的年轻销售员，这位销售员在经过前两个阶段的学习后，对自己能否胜任工作一点儿也没有把握，他正担心经理不发给他“毕业证书”呢。

可是，那位经理在对他讲了“你能干好的”之类的鼓励性的话后，说道：“喂，你听着，我要把我想要做的事告诉你：我打算让你到街对面的‘绝对可靠的预计客户’的住处去销售，以往我也总是把新来的销售员派到那里去销售。理由很简单，因为那个老头是个买主，什么时候都买我们的东西。但是，我要预先警告你，他是一个厚脸皮、令人讨厌、爱吵嘴而且满口粗话的人。你如果去见他，他只是叫嚷一阵而已，实际上他是不会吃你的。所以，无论他说什么，你都不要介意。作为我来说，希望你默不作声地听着，然后说‘是的，先生，我明白了。我带来了本市最好的印刷业务的商谈说明，我想这个说明对你来说，也一定是想要得到的东西’。总而言之，他说什么都没关系，要坚持你的立场，然后反过来讲你要说的话。可不要忘记啊，他在什么时候都会向我们的销售员订货的。”

这位被打足了气的年轻销售员随即冲过大街叫开门进入屋里，报了自己公司的名字。在头五分钟里，他没有机会讲上一句话。因为那老头不停地给他讲一些无关紧要的事情，一会儿教他某种菜的吃法，一会儿又教他一些莫名其妙的英语词汇。好在这位销售员事先得到过警告，他耐心地等待暴风雨过去。最后他说："是的，先生，我明白了。那么，这是本市最好的印刷业务的商谈说明，这样的商谈说明，当然是您想要得到的东西。"这样一进一退的进攻和防御大约持续了半个小时。最后，那个年轻的销售员终于得到了该印刷公司从未有过的最大的订单。

当他喜滋滋地把订单交给经理时，他说："您说的关于那位老人的话没错。他是一个令人讨厌、爱吵嘴、满口粗话的人。可是我要对那位可爱的老人说稍微不同的话：他真是个买主！这是我在公司任职以来获得的最大的一笔订单呀。"

经理看了一下订单，满脸惊讶地说："喂，你搞错人了吧？那个老头，在我们遇到的对手中，是最吝啬、最讨厌、最好吵架，而且是最爱说粗话的人！我们这15年来总想让他买点儿什么东西，可是那个老头连1元钱的东西也没有买，总之，他从来没从我们这儿买过一件东西。"

销售是与人打交道的工作。在销售过程中，销售人员要与形形色色的人打交道，这些人有的财大气粗、权位显赫，也有的博学多才、经验丰富。销售人员要与在某些方面胜过自己的人打交道，并且要能够说服他们，赢得他们的信任和欣赏，就必须坚信自己的能力，相信自己能够说服他们，然后信心百倍地去敲他们的门。如果销售人员缺乏自信，害怕与他们打交道，胆怯了，退却了，最终会一无所获。

总之，自信是成功的先决条件。销售人员只有对自己充满自信，在客户面前才会表现得落落大方、胸有成竹，你的自信才会感染、征服客户，客户对你销售的产品才会充满信任。所以销售人员要不断调整自己的心态，让自己时刻充满自信，迎接随时可能面对的挑战。

勇往直前，不怕客户的拒绝

几乎所有销售人员都曾有过共同的感受和经历，那就是成功的销售是从接受客户无数次拒绝开始的。勇敢地面对拒绝，并不断从拒绝中吸取经验教训，不气馁、不妥协，这是销售人员应学会的第一课。

在销售人员当中，曾流传着一个著名的笑话：如果你向100个人询问他们今天是否想买你的产品和服务，90%会回答“不”，剩下的10%会回答“绝对不”。

可见，要想取得销售的最终胜利，销售人员首先必须战胜客户的拒绝，否则就无法抵达胜利的彼岸。

麦利为了拓展服装店的生意，积极进行着开发活动。在打算进入一家店面之前，他准备先在店面附近的仓库出入口逛逛。这时，他听到仓库内传来了争吵的声音，面对这种形势，麦利觉得会对销售十分不利。但既然来了，他便决定上前和店主打个招呼。

于是，麦利上前对店主说："您好！不好意思耽误您的宝贵时间，我只是想和您打个招呼而已。我是枫叶服装公司的麦利。"麦利边说边恭敬地递上了自己的名片。

当然，麦利知道在这种情况下是不可能推销成功的，他也只是抱着再来一次的心理。但是令麦利意想不到的是，店主看也没看一眼名片便把它丢在了地上，说："我不需要你的东西，请走远点。"

见到对方这种态度，麦利十分愤怒，但却压住了心中的怒火，弯下腰拾起被扔在地上的名片，说："很抱歉打扰您了！"

得知这种情况后，麦利的同事都认为这家店一定攻不下来，但是在半个月后，麦利还是再度前往拜访。

来到店中，店主十分不好意思，向麦利解释说自己那天的行为并不是故意的，只是当时心情不好，所以才会做出那种过火的行为，后来他欣然接受了麦利的推销，并且还成了麦利的最佳客户。

可见，成功的销售员总是勇于面对客户的拒绝。实际上，很多时候，被客户拒绝并不意味着机会永远丧失。当销售人员遇到拒绝时，一定要首先保持良好的心态，要理解客户的拒绝心理，要以顽强的职业精神、不折不挠的态度正视拒绝，千万不要因此而心灰意懒，放弃这项工作。如果你持之以恒，把所有的思想和精力都集中于化解客户的拒绝之上，自然就会赢得客户。

世界寿险首席推销员齐藤竹之助说："推销就是初次遭到顾客拒绝之后的坚持不懈，也许你会像我那样，连续几十次、几百次地遭到拒绝。然而，就在这几十次、几百次的拒绝之后，总有一次，顾客将同意采纳你的计划，为了这仅有的一次机会，推销员在做着殊死的努力，推销员的意志与信念就显现于此。”

一位销售专家曾经说过：“每一次明显的推销尝试都会造成沟通上的抵制。”人们就是不喜欢成为推销或干涉对象，尤其是成为一个陌生人的推销或干涉对象。当他们看到你走过来时，他们不一定总是躲起来，但他们会树起其他形式的障碍，甚至可能是一个隐藏他们自然本性的防御性的面具，为了成功，你必须剥去这层人造外壳。

销售肯定会受到抗拒，但如果每个人都排队去买产品，那销售人员也就没有作用了，顶尖销售人员也不会被人们所尊重了。所以销售遭受拒绝是理所当然的。

有一位销售人员，他从40岁开始从事推销工作，在此之前他从来没有过任何的销售经验。可是不到一年半的时间，他就成了当地最杰出的销售人员，其所创造的业绩纪录很久都没有人能打破。

有一次，有人问他，“你是怎样成功的，难道你不怕被别人拒绝吗？”他说：“老实告诉你，我还真的挺怕被客户拒绝。”

人们觉得很奇怪，就接着问：“那每当客户不买你的产品时，你心里是怎么想的呢？”

他说：“当客户不买我的东西时，我并不觉得他们是在拒绝我，我只是认为自己还没有解释清楚，他们还不太了解而已。”

“那你会怎么做呢？”

“很简单啊。既然他们不太了解，我就再换一种方式向他们解释，如果还不了解，那么我就再换一种，一直到客户完全了解为止。”

曾经有一个客户，他一直解说了一年多，换了20多种方式才终于让对方了解了产品的优点及好处，从而向他购买了产品。

这位销售人员成功的秘诀在哪里呢？很简单，就是他对于“不”所下的定义。

优秀的销售人员认为被拒绝是常事，并养成了习惯吃闭门羹的气度。他们会时常抱着被拒绝的心理准备，并且怀有征服客户拒绝的自信，这样的销售人员会在极短的时间完成推销，即使失败了，他们也会冷静地分析客户的拒绝方式，找出应对这种拒绝的方法来，待下次遇到这类拒绝时即可从容应对，成交率也会越来越高。

销售的秧苗往往是在一连串辛勤的灌溉后，才会开花结果的。不要想着一次就正中靶心，而应该努力思索如何才能打动准客户的心，如何能让准客户发现自己的需要、发现你的热忱。因为他的拒绝，你才有机会开口，从而了解原因何在，然后针对缺口，一举进攻，所以被拒绝不是坏事，反而应该视为促进推销工作的契机。从心理学的观点来看，当客户拒绝你或对你的态度不好、不友善时，他心里相对来讲也不好过，并非对人不敬心里就特别的快活。

很多销售人员之所以不能很好地推销产品是因为他们只是想到自己卖一件产品赚多少钱。如果你只想到自己能赚多少，那你一定会遇到更多的拒绝，你会受到更多的打击。

请记住，我们不是把产品推销给客户，而是在帮助客户，帮助客户解决困难。提供最好的服务，永远不要问客户要不要，而要问自己能给客户提供什么样的帮助。所以能否以积极正面的心态去看待拒绝是决定你推销事业成败的关键。

那么，面对拒绝，我们该怎么办呢?

1. 相信自己的产品

对自己的产品要有充分的知识，并确信其优秀品质，因此，在语言上自然便具备了权威性，说服力也会表现出来。

2. 不要与客户争论

销售人员不要对客户的反对意见完全否定或进行争论，不管你是否在争论上获胜，你都会对客户的自尊造成伤害，要成功地商洽更是不可能的。

3. 再坚持一会儿

当客户拒绝时，销售人员不要轻易就表示放弃。你要去寻找客户拒绝你的真正原因，看它是不是真的不可改变。

4. 组织好语言

在与客户商洽中，若你采用的是慌张又语无伦次的回答方式，那么是非常糟糕的。所以销售人员应在事前先做客户反对的预测，然后研究处理的方法或应对语言。

5. 收集最新信息

客户之所以反对，一定有其原因，特别是在技术革新脚步急剧加快的今日，陈旧的说明是无法满足客户的。因此，销售人员需要收集最新的消息或资料，以提供对客户有利的讯息。

6. 用真诚的语言说服

不是真心诚意的话语没有力量，它是无法说服反对的客户的。对于客户的反对而言，真诚是最重要的处理条件。

自我激励，冲出销售低谷

所谓自我激励，是指个体具有不需要外界以奖励和惩罚作为激励手段就能为设定的目标而自我努力工作的一种心理特征。

自我激励是一个人迈向成功的要素。对于销售人员来说，自我激励是非常重要的，这是销售人员的动力，是销售人员的勇气，是销售人员的信心。

作为销售人员，我们经常处于单打独斗的工作状态，面对不同的销售情境和无数次客户的拒绝，我们要有自我激励的能力。销售本来就是一件困难而富有挑战性的工作，事实上，很多人选择从事这项工作的动机，就是因为喜欢迎接和应对挑战。弱者永远不可能成为一个销售事业的成功者，除非他首先改变自己的人格，不断地进行自我激励，使自己成为一个强者。所以，优秀的销售人员，常常都是自我激励的高手。

有一位年轻的人寿保险销售人员跑去找专家咨询，他曾经在第一年中屡创纪录，但是之后却严重衰退。

他的问题到底出在什么地方呢？乍看之下，这个销售人员非常沮丧，而且对未来感到很烦恼，他的支出账单在继续增加之中，但是佣金收入却寥寥无几。

他发现自己陷入困境：他越需要佣金，越赚不到；越想要促成生意，越无法成交。

他说："这到底是为什么呢？我甚至乞求别人买保险呢！可见我是多么想争取生意了！"

专家很快就认清了关键所在，他要这位年轻人不断地进行自我激励，要使自己深信"即使在财务面临破产的境地，但是在其他方面仍是非常富裕"，诸如"我的能力很强""我一定会成功""我的机会很多"，等等。

而结果真是令人十分惊异。在不到一周的时间内，他就得到了很高的保险额，恢复了以前的那种高收入。

一年以后，他又跑去找专家。"我要让你看一些东西，"他打开公文包，取出一件东西，并且对专家说，"请看看挂在我办公室中，用镜框镶起来的是什么呢？"

以下就是他用镜框镶的一些文字：

我很富裕！

我的能力很强！

我的野心很大！

我的机会很多！

我一定会成功！

每一个销售人员都应当从事例中学到一点，那就是：当你沮丧、悲观失望的时候，一定要不断地进行自我激励。

自我激励，实际上是销售人员调整个人心态、端正个人态度、树立明确目标，最终提高自信、实现成功销售的一个自我状态的调节过程。

日本的“推销之神”原一平，从25岁开始做推销员。他身高只有1.45米，又小又瘦，横看竖看，实在缺乏吸引力，可以说是先天不足。

在他刚开始推销的时候，遭受了太多的挫折，甚至曾经落魄得夜宿街头。为了争取一份保单，他甚至前后73次拜访一个客户，使得对方最终被他的诚意打动了。其后即便是在他获得连续的10年全国销售业绩冠军期间，他依旧会平均每个月碰到两三次挫折。那么是什么让他有勇气面对一次又一次的挫折的呢？是什么支撑着他重复地处理客户的不满和异议的呢？

他说：“我常因工作遭遇挫折心灰意懒，不过，只要发现我自己陷入低潮，我总是设法鼓励自己，使自己能够很快地恢复干劲。”

销售是条漫长而又艰辛的路，不但要时刻保持十足的冲劲做业绩，更得秉持着一贯的信念，自我激励，自我启发，只有这样才能坚强地面对重重难关。尤其是陷入销售低潮时期，若无法适时做好自我调节，销售这一条路势必将画上永远的休止符。有很多前景颇为看好的销售人员，就是因为冲劲够但却无法保持下去，就悄然从这一璀璨的行业中引退。

销售是一项极其富有挑战性的工作，与技术人员、行政人员相比，销售人员背负着更大的工作压力。在销售中，我们经常遇到困难、挫折、挑战以及我们自己的懒惰、贪心、享乐等个人缺点。当我们面对背井离乡孤军奋战的寂寞、完不成销售任务的沮丧、广告促销效果不佳的困惑、客户故意刁难的气愤、与客户谈判陷入僵局的无奈等挫折和压力时，潜意识总是使我们选择恐惧或退缩，从而导致我们销售失败。那么怎样才能把自己解救出来呢？我们必须学会自我激励。有效进行自我激励应该做到：

1．调高目标

真正能激励销售人员奋发向上的是：确立一个既宏伟又具体的销售目标。许多销售人员之所以达不到自己孜孜以求的目标，是因为他们的主要目标太小，而且太模糊，使自己失去动力。如果你的主要目标不能激发你的想象力，那么目标的实现就会遥遥无期。

2．让自己变成强者

销售工作是一项与人打交道的差事，人际交往能力是每一个销售人员的基本功，也是最有力的武器。单纯靠产品好、公司政策好、广告力度大、市场需求大去做销售，那么你几乎不可能找到这样的好差事。销售本来就是一件困难而富有挑战性的工作，事实上，很多人之所以选择从事这项工作，就是因为他们喜欢迎接和应对挑战。弱者永远不可能成为一个销售事业的成功者，除非他首先改变自己的性格，使自己成为一个强者。

3．保持良好的心态

良好的心态有助于摆脱挫折感，让自己在受挫折时不断地给自己积极的心理暗示，同时会让自己多想一些让自己兴奋和开心的事情，让自己多想想事情的积极性的一面。

4．正视危机

危机能让我们竭尽全力。我们往往会愚蠢地创造一种舒适的生活方式，使自己生活得风平浪静。当然，我们不必坐等危机或悲剧的到来，从内心挑战自我是我们生命力的源泉。

5．适当给自己奖励

当自己完成一个阶段性的任务，或取得阶段性成果的时候，要给予自己适当的奖励，以保证自己的工作状态，同时展望下一个工作目标时，对自己许下一个愿望，如果能够达成，如何给自己奖励，以保证工作的激情。

6. 把握好情绪

人开心的时候，体内就会发生奇妙的变化，从而获得新的动力和力量。但是，不要总想在自身之外寻开心。令你开心的事不在别处，就在你身上。因此，你需要找出自身的情绪高涨期来不断激励自己。

克服恐惧，拿出勇气面对困难

销售是勇敢者才能从事的职业。从事销售行业的人总是面对拒绝与自己打交道的人，总是要让无心购买东西的人购买自己的产品。可想而知，从事这一行的难度有多大。所以说，销售是一种高风险的职业，不是懦弱的人所能承受的，只有勇敢者才有希望在销售行业中建功立业，成就辉煌人生。

现实生活中，有一些销售人员不敢与人打交道，心理学把这个现象叫作“缺乏人际勇气”，新的销售人员在这一点上尤为明显。由于缺乏人际勇气而遭到淘汰的销售人员高达40%以上，这些人多半在入职后不长的时间就会暴露出这样的问题。

美国销售员协会曾经对销售人员的拜访做长期的调查研究，结果发现：48%的销售人员，在第一次拜访遭遇挫折之后，就退缩了；25%的销售人员，在第二次遭受挫折之后，也退却了；12%的销售人员，在第三次拜访遭到挫折之后，也放弃了；5%的销售人员，在第四次拜访碰到挫折之后，也打退堂鼓了；只剩下10%的销售人员锲而不舍，继续拜访下去。结果80%销售成功的个案，都是由这10%的销售人员连续拜访五次以上所达成的。

由此可见，一般销售人员效率不佳，多半出于一种共同的毛病，那就是惧怕客户的拒绝。

有一位销售员因为常被客户拒之门外，慢慢患上了“敲门恐惧症”。他去请教一位大师，大师弄清他的恐惧原因后便说：“假设你现在站在即将拜访的客户门外，然后我向你提几个问题。”

销售员说：“请大师问吧！”

大师问：“请问，你现在位于何处？”

销售员说：“我正站在客户家门外。”

大师问：“那么，你想到哪里去呢？”

销售员答：“我想进入客户的家中。”

大师问：“当你进入客户的家之后，你想想，最坏的情况会是怎样的？”

销售员答：“大概是被客户赶出来。”

大师问：“被赶出来后，你又会站在哪里呢？”

销售员答：“就——还是站在客户家的门外啊！”

大师说：“很好，那不就是你此刻所站的位置吗？最坏的结果，不过是回到原处，你又有什么好恐惧的呢？”

销售员听了大师的话，惊喜地发现，原来敲门根本不像他所想象的那么可怕。从这以后，当他来到客户门口时，再也不害怕了。他对自己说："让我再试试，说不定还能获得成功，即使不成功，也不要紧，我还能从中获得一次宝贵的经验。最坏最坏的结果就是回到原处，对我没有任何损失。"这位销售员终于战胜了"敲门恐惧症"。由于克服了恐惧，他当年的销售成绩十分突出，被评为全行业的"优秀销售员"。

由此可见，在销售过程中，销售人员只有克服恐惧，才能自如地与客户交流。越是恐惧的事情就越去做它，你才可能超越恐惧，否则，恐惧就会成为你心理上的大山，永远横在你的面前。

恐惧对一个从事销售的人来说是一种非常不利的感觉，每一个销售人员都会在某时或某地出现不愿拜访的职业恐惧症，如果处理不得当，会直接导致拜访失败，甚至导致订单失败。销售人员之所以在走访中有恐惧感，主要是缺乏勇气。找到症结后，销售人员应该及时地进行根治，鼓起勇气，大胆地接触客户。

杰夫·荷伊芳刚刚开始做销售工作的时候，有一次，他听说百事可乐的总裁卡尔·威勒欧普将到科罗拉多大学演讲。于是，杰夫就找到为威勒欧普先生安排行程的人，希望对方能安排个时间让他与百事可乐的总裁会面。可是那个人告诉杰夫，总裁的行程安排得很紧凑，最多只能在演讲后的15分钟与杰夫碰面。

于是，在威勒欧普先生演讲的那天早晨，杰夫就到科罗拉多大学的礼堂外面苦等，守候这位百事可乐的总裁。

威勒欧普先生演讲的声音不断地从里面传来，不知过了多久，杰夫猛然惊觉，预定的时间已经到了，但是威勒欧普先生的演讲还没有结束，已经多讲了五分钟。也就是说，自己和威勒欧普会面的时间只剩下十分钟了。他必须当机立断，做个决定。

于是，他拿出自己的名片，在背面写下几句话，提醒威勒欧普先生后面还有个约会："您下午两点半和杰夫·荷伊芳有约。"然后，他做了一个深呼吸，推开礼堂的大门，直接从中间的走道向威勒欧普走去。

威勒欧普本来还在演讲，见他走近，便停了下来。这时，杰夫把名片递给他，随即转身循原路走回来，还没走到门边，就听到威勒欧普告诉台下的听众，说他约会迟到了，谢谢大家今天来听他演讲，祝大家好运。说完，他就走到外面与杰夫碰面。

此时，杰夫坐在那里，全身神经紧绷，呼吸几乎快要停止了。威勒欧普看看名片，接着对他说："让我猜猜看，你就是杰夫，对吧！"于是，他们就在学校里找了一个地方，自在地畅谈了一番。

结果他们整整谈了30分钟之久。威勒欧普不但花费宝贵的时间告诉他许多精彩动人的故事，而且还邀请杰夫到纽约去拜访他和他的工作伙伴。不过，他送给杰夫最珍贵的东西，则是鼓励他继续发挥先前那种大无畏的勇气。威勒欧普说："不论在商场或任何领域，最重要的就是'勇气'。当你希望达成某件事时，就应具备采取行动的勇气，否则最后终将一事无成。"

在销售过程中，销售员第一个推销的应该是他的勇气，这是每一个从事销售工作的人都要牢记的法宝。

每个销售员都有提升销售业绩的想法，大多数的想法被搁浅了，其主要原因就是缺乏勇气，想为不敢为，结果一事无成。每个销售员在工作中，都要面临害怕做不到的时刻，画地为牢，就会使无限的潜能化为有限的成就。

对销售员来说，最需要勇气的就是敢于面对客户的拒绝。销售是一种推销自己的职业，更是一种勇敢者的职业。当销售员向别人推销产品时，他们面对的不仅是别人，也是自己。有一些销售员，当他们在销售过程中遭到拒绝后，往往会产生一种心理障碍，害怕再去向别人推销商品。事实上，销售员业绩不佳，不见得是他们懒惰无能的结果，真正的原因很可能是他们害怕自我推销。当他们产生恐惧心理后，在下一次的销售过程中就会表现得更差。然而如果连他们自己都没有信心，别人又怎么能够信任他们呢？

所以，对销售员来说，勇气是非常重要的，勇气是其行动的动力。作为一名销售员，你应该克服自己的恐惧心理，让勇敢在自己的心里生根发芽。

坚持不懈，不达销售目的决不罢休

销售工作实际上是很辛苦的，这就要求销售员要具有吃苦、坚持不懈的韧性。“吃得苦中苦，方为人上人”。销售工作的一半是用脚跑出来的，销售时需要销售员不断地去拜访客户，去协调客户，甚至跟踪消费者提供服务。销售工作绝不是一帆风顺的，会遇到很多困难，但你要有解决的耐心，要有百折不挠的精神。

“美国当代最伟大的推销员”麦克曾经是一家报社的职员。他刚到报社当广告业务员时，不要薪水，只按广告费抽取佣金。他列出一份名单，准备去拜访一些很特别的客户。

在去拜访这些客户之前，麦克走到公园，把名单上的客户念了100遍，然后对自己说：“在本月之前，你们将向我购买广告版面。”

第一周，他和12个“不可能的”客户中的三人谈成了交易；在第二个星期里，他又成交了五笔交易；到第一个月的月底，12个客户只有一个还不买他的广告。

在第二个月里，麦克没有去拜访新客户，每天早晨，那拒绝买他的广告的商人的商店一开门，他就进去请这个商人做广告，而每天早晨，这位商人却回答说：“不！”每一次，当这位商人说“不”时，麦克假装没听到，然后继续前去拜访，到那个月的最后一天。对麦克已经连着说了30天“不”的商人说：“你已经浪费了一个月的时间来请求我买你的广告，我现在想知道的是，你为何要这样做。”麦克说：“我并没有浪费时间，我等于在上学，而你就是我的老师，我一直在训练自己的自信。”这位商人点点头，接着麦克的话说：“我也要向你承认，我也等于在上学，而你就是我的老师。你已经教会了我坚持到底这一课，对我来说，这比金钱更有价值，为了向你表示感激，我要买你的一个广告版面，当作我付给你的学费。”

任何销售项目的成功都有一个量变到质变的积累和飞跃的过程，也只有当量积累到一定时期，事物才能发生质的飞跃。想要成就这种质的飞跃，你就要坚持、再坚持，努力、再努力。

有一次，原一平准备去拜见一位世界著名公司的总经理，这位总经理是个十足的工作狂，很难有空闲的时候，而且不易接近，所以说见一面非常困难。

考虑了很长时间，原一平决定直接去拜访他。

“您好，我是明治保险公司的推销员，想拜访一下贵公司的总经理，麻烦您帮我约见一下，谢谢。”秘书脸上挂着职业性的笑容，一看就知道是个训练有素的人，她进去几分钟就出来了，面带歉意地告诉原一平说：“不好意思，总经理今天不在，以后您有时间再过来吧！”

原一平无奈，只得离开，但他走出公司的门口时突然又倒了回来，微笑着问门口的警卫说：“先生，我发现咱们公司的车库里有一部非常漂亮、豪华的车，肯定是我们公司总经理的吧？”

“是啊！也只有公司的总经理才买得起那样的车，也只有他才配坐那辆车。”

于是，原一平决定守在那辆车的旁边，等待总经理的出现，可能因为太累了，他竟然不知不觉地睡着了。当他意识到身边有车发动的声音时，那辆豪华轿车已载着总经理扬长而去。

第二天，原一平早早地就到公司守候，但是秘书依旧告诉他说总经理不在。他意识到，直接拜见总经理并不是一件非常容易的事情，于是他决定采取“守株待兔”的方法。

一连几天，原一平总是静静地守候着，等待着总经理的出现。功夫不负有心人，当那部豪华的轿车再次出现时，原一平用最快的速度冲了上去，他一手抓着车窗，另一手拿着名片。

“总经理您好，请原谅我的鲁莽行为，但是，我已经拜访过您好几次了，每次秘书都说您不在。无奈之下，我才出此下策，还请您多多原谅。”

总经理连忙叫司机停车，并请原一平到车里进行交谈。最后，总经理向原一平买了保险。

可见，销售人员要想获得成功，就必须全力以赴地去推销，要有无论如何也要完成的坚定信念，唯有如此，销售人员才会想尽一切办法与客户接触，无论如何都要说服客户购买自己的商品。

在销售过程中，签订合同，销售产品，不会一谈就成，它需要一个持之以恒的努力过程。而往往有些销售员因不能坚持到底，忍耐性不够，虽为销售任务付出了很多时间和努力，但最终改弦易辙，使此事前功尽弃。殊不知，倘若自己再坚持一天或再去一次，自己所期望的结果就可能会出现。

一对从农村来城里打工的兄弟，几经周折才被一家礼品公司招聘为销售员。

他们没有固定的客户，也没有任何关系，每天只能提着钥匙链、产品手册、茶杯以及各种工艺品的样品，沿着城市的大街小巷去寻找买主。半年过去了，他们跑断了腿，磨破了嘴，仍然到处碰壁，连一个钥匙链也没有推销出去。

经历了无数次的失望后，弟弟磨掉了最后的耐心，他向哥哥提出两个人一起辞职，重找出路。哥哥说，万事开头难，再坚持一阵，兴许下一次就有收获。弟弟不顾哥哥的挽留，毅然告别那家公司。

第二天，兄弟俩一同出门。弟弟按照招聘广告的指引到处找工作，哥哥依然提着样品四处寻找客户。那天晚上，两个人回到出租屋时却是两种心境：弟弟求职无功而返，哥哥却拿回来推销生涯的第一张订单。一家哥哥四次登门过的公司要召开一个大型会议，向他订购250套精美的工艺品作为与会代表的纪念品，总价值20多万元。哥哥因此拿到两万元的提成，淘到了打工的第一桶金。从此，哥哥的业绩不断攀升，订单一个接一个而来。

几年过去了，哥哥不仅拥有了汽车，还拥有100多平方米的住房和自己的礼品公司。而弟弟的工作却走马灯似的换着，连穿衣吃饭都要靠哥哥资助。

弟弟向哥哥请教成功真谛。哥哥说："其实，我成功的全部秘诀就在于我比你多了一份坚持。"

遭受挫折或被拒绝对销售人员来说是一件非常沮丧的事情。它意味着自己为推销成交而准备的大量前期工作将付诸东流。所以一些销售人员由此丧失信心，经受不起这个无情的打击，最终在这个行业中淘汰了自己。事实证明，只有那些坚持到底的人，才能最终赢得客户。

正视失败，在挫折中提升自己

销售是最容易遭遇挫折的职业。销售人员应以积极、坦然的态度对待交易的失败，真正做到不气馁。而现实中有些销售人员经历了几次失败之后，担心失败的心理愈为严重，以至于产生恶性循环。实际上，即使是最优秀的销售人员，也不可能使每一次推销洽谈都导致最后的成交。在销售活动中，真正达成交易的只是少数。只有充分地认识到这一事实，销售人员才会鼓起勇气，不怕失败，坦然接受推销活动可能产生的不同结果。

帕克是英国一家计算机软件公司的销售人员，他的业绩在公司里总是名列前茅，可以说他就是一名成功的销售人员。他所在的公司大约有5000名销售人员，如果你问他："帕克，你们公司的销售人员中有多少人算是富裕的？"他会告诉你："答案会让你大吃一惊。5000人中只有40人算是富裕的，其余人的收入都平平或者很糟糕。"

我们可以想一想他的答案。如果5000人中只有40人，那么这个比例就是0.8%，所以，按照他的看法，成功的销售人员的比例还不到1%。至于那些获取终身成就者，更是凤毛麟角、少之又少了。

其实，不用去精确地计算成功者的比例，我们也都明白，做个成功的销售人员确实很不容易。销售事业就像是一座高山，大部分的销售人员都爬不上它的顶峰，只有寥寥可数的一批人，他们不怕失败，充满了胜利的信心，克服了常人难以克服的困难，付出了常人难以付出的代价，在崎岖的山路上不畏艰难地长途跋涉，最终才到达了事业的巅峰。

销售失败是不可避免的，但问题不在于失败，而在于对待失败的态度。有些销售人员把失败看成自己无能的象征，把失败记录看成自己能力低下的证明。这种态度才是真正的失败。销售人员面对客户的拒绝，害怕了，不敢前进。这样，与其说是在一次又一次地逃避拒绝，不如说是在一次又一次地赶走成功。如果害怕失败而不敢有所动作，那么你就是在一开始就放弃了成功的可能。

有一天，佳能公司的一位销售人员向某公司的课长推销复印机，这位课长同往常应付其他销售人员一样地回答说："我考虑看看。"这位销售人员是一位老实人，听他这么说就答道："谢谢您，不好意思，打搅您了。那您就考虑考虑再说吧。"然后便离开了。当那位课长正松了一口气时，他却又回来了，课长以为他忘了什么东西，但他却说道："您想好了没有？"然而，他看到的是课长满脸吃惊的表情，于是他说："那我一会儿再来。"大约过了30分钟，他又来了。"您大概已经——"，课长仍是一脸的困惑，这位销售人员又说道："我再来。"

他又来了，课长心想："我该以何种表情面对他呢？"虽然他以自己及这位销售人员都承认的可怕眼神瞪了这位销售员，但他的心里却越来越不安，"那个家伙会不会再来呢？"当课长正如此想时，这位销售员又出现了："您已经考虑得——对不起，我再来。"

课长的情绪愈来愈恶劣，但是这位销售员的波浪状攻击仍持续不断，到黄昏时，他已是第13次来访了，课长终于疲惫不堪地告诉他："我买。"销售员问："课长先生，您为什么决定要买呢？""遇到你这种工作热心和有着不合常理推销的人，我认了。"

在销售过程中，销售人员不可避免地会遭遇很多的挫折和失败，越是成功的销售人员经历的失败可能越多，这是一条真理。在失败出现时，如果你觉得这是一件可耻的事情，从而中断自己的前程，那么你将一无所成。所以，销售人员应该不断地反省自己，在失败中总结教训。

面对销售失败，销售人员不要怨天尤人，更不要抱怨客户的种种行为，而是应该静心思考，反思自己，寻找不足和差距，找出问题所在。只有不断改进和提高销售技巧，不断进行实践总结，找出同别人的真正差距，你的销售业绩才会逐步提高。

1．反省自己的能力

反省，首先要看自己适不适合做销售，如果觉得不适合，那就找自己适合的工作去；如果觉得适合，那就看自己哪方面是需要加强和学习的，如自己的专业知识、沟通能力、业务的发展方向等。反省是为了把销售工作开展得更好。

2．写销售日志

销售日志就是你每天销售工作的记录，也是你客户积累的书面反映。学会写销售日志，你可以对你工作中的不足之处进行反省，还可以总结出自己的销售方法。

3．心灵的自我平衡

面对客户的拒绝，你不应该只解读为自己的能力不够或专业知识不足，而应该转变成另一种想法，将客户的拒绝转移成“由于我的推销将会带给客户相当的利益，因此，拒绝是客户的损失”，如此一来，你就可以使心理得到自我平衡。

4. 干到老，学到老

三人行，必有我师。同事是老师，上级是老师，客户是老师，竞争对手是老师。在客户面前，你要谦虚一点，本着学习的心态，尊敬客户，这是一个销售人员必须具备的道德素质。社会竞争在加剧，实力和能力的打拼将越加激烈。谁不去学习，谁就不能提高，谁就不会去创新，谁的武器就会落后。学习不但是一种心态，更应该是我们的一种生活方式。

5. 不断地完善自我

自我完善应该成为销售工作的一个重要组成部分。只要你不断地检查自己销售行为中的不足，及时地反思自己失误的原因，就一定能够不断地完善自我。

6. 加强应对挫折的能力

销售人员不可能在推销产品时每到一处都必定成功，在工作中，销售人员往往会遇到挫折，而这种挫折往往又会影响销售人员的自信心和克服困难的意志。本来再做些工作，买卖就可成交了，但是如果销售人员因为刚刚遇到的挫折使他有些灰心，他就很可能会放弃即将获得成功的机会。所以，销售人员应加强自己应对挫折的能力。

7. 永远不放弃

在优秀销售员的成功之路上，失败就是路上的一座座桥梁，正是这些桥梁的存在，才使得他们向着伟大的目标不断前进。在面对客户拒绝时，如果你觉得这是一件很可耻的事情，从而中断了自己的前进路程，那么，可想而知你将一无所成。除非你自己放弃，否则你不会被打垮。失败了继续坚持，继续努力，你就会成功。

8. 掌握高超的销售技巧

销售人员只有具备更高超的销售技巧，才能应对市场的不同需求、面对不同类型的客户群。因此，在将商品推销给客户时，你必须具备各种技巧。越难销售的商品，越需要技巧才能达到目的。只要你具备足够的销售技巧，心里自然就十分踏实而无所畏惧。如果你能将销售技巧运用自如，那么挫折与失败就会越来越少。

第二章 销售是心与心的较量

——了解客户心理，寻找客户需求点

针对不同年龄客户，迎合其购买心理

不同年龄的客户，在购物过程中会表现出不同的心理差异。销售人员必须了解不同年龄的客户在购买过程中的心理特征，从而使自己的服务更能迎合客户的需求心理。

1. 少年儿童的购买心理

给少年儿童提供他们所喜爱的商品和服务已经成为商家最重要的任务之一。

目前中国家庭比较注重少年儿童的理财能力及社会实践培养，常常让少年儿童来代替家长购物，有小部分家庭让少年儿童根据自己的喜好来购买商品。

消费心理特征：

（1）购买目标明确，购买迅速。少年儿童购买商品多由父母事前确定，决策的自主权十分有限，因此，购买目标一般比较明确。加上少年儿童缺少商品知识和购买经验，识别、挑选商品的能力不强，所以，对营业员推荐的商品较少异议，购买比较迅速。

（2）少年儿童更容易受群体的影响。学龄前和学龄初期儿童的购买需要往往是感觉型、感情性的，非常容易被诱导。在群体活动中，儿童会产生相互的比较，如“谁的玩具更好玩”“谁有什么款式的运动鞋”等，并由此产生购买需要，要求家长为其购买同类、同一品牌、同一款式的商品。

（3）选购商品具有较强的好奇心。少年儿童的心理活动水平处于较低的阶段，虽然已能进行简单的逻辑思维，但仍以直观、具体的形象思维为主，对商品的注意和兴趣一般是由商品的外观刺激引起的。因此，他们在选购商品时，有时不是以是否需要为出发点的，买不买往往取决于商品是否具有新奇、独特的吸引力。

（4）购买商品具有依赖性。由于少年儿童没有独立的经济能力和购买能力，几乎由父母包办他们的购买行为，所以，在购买商品时具有较强的依赖性。父母不但代替少年儿童进行购买行为，而且经常将个人的偏好投入购买决策中，忽略儿童本身的好恶。

总结：认真对待儿童，他的父母会对你更有好感。

2. 青年人的消费心理

青年人在整体客户群中所占的比例较大，消费能力也正在提升。

表现在：

（1）追求时尚和新颖。青年人的特点是热情奔放、思想活跃、富于幻想、喜欢冒险，这些特点反映在消费心理上，就是追求时尚和新颖，喜欢购买一些新的产品，尝试新的生活。在他们的带领下，消费时尚也就会逐渐形成。

（2）表现自我和体现个性。这一时期，青年人的自我意识日益加强，他们强烈地追求独立自主，在做任何事情时，都力图表现出自我个性。这一心理特征反映在消费行为上，就是喜欢购买一些具有特色的商品，而且这些商品最好能体现自己的个性特征。对那些一般化、不能表现自我个性的商品，他们一般都不屑一顾。

（3）容易冲动，注重情感。由于人生阅历并不丰富，青年人对事物的分析判断能力还没有完全成熟，他们的思想感情、兴趣爱好、个性特征还不完全稳定，因此在处理事情时，往往容易感情用事，甚至产生冲动行为。他们的这种心理特征表现在消费行为上，那就是容易产生冲动性购买。他们在选择商品时，感情因素占了主导地位，往往以能否满足自己的情感愿望来决定对商品的好恶。只要自己喜欢的东西，他们一定会想方设法地迅速做出购买决策。

对策：力主创新、新颖；争创名牌，崇尚突出个性和个性化表现。

总结：承认年轻人的追求和认知，采取“攻心为上”的策略。

3. 中年人的消费心理

这类客户的心理已经相当成熟，个性表现比较稳定，他们不再像青年人那样爱冲动，爱感情用事，而是能够有条不紊、理智分析处理问题。中年人的这一心理特征在他们的购买行为中也有同样的表现。

（1）购买的理智性胜于冲动性。随着年龄的增长，青年时的冲动情绪渐渐趋于平稳，理智逐渐支配行动。中年人的这一心理特征表现在购买决策心理和行动中，使得他们在选购商品时，很少受商品的外观因素影响，而比较注重商品的内在质量和性能，往往经过分析、比较以后，他们才做出购买决定，尽量使自己的购买行为合理、正确、可行。他们很少有冲动、随意购买的行为。

（2）购买的计划性多于盲目性。中年人虽然掌握着家庭中的大部分收入和积蓄，但由于他们上要赡养父母，下要养育子女，肩上的担子非常沉重。他们中的多数人懂得量入为出的消费原则，开支很少像青年人那样随随便便、无牵无挂、盲目购买。因此，中年人在购买商品前常常对商品的品牌、价位、性能要求乃至购买的时间、地点都妥善安排，做到心中有数。对于不需要和不合适的商品，他们绝不购买，很少有计划外开支和即兴购买。

（3）购买求实用，节俭心理较强。中年人不再像青年人那样追求时尚，生活的重担、经济收入的压力使他们越来越实际，买一款实实在在的商品成为多数中年人的购买决策心理和行为。因此，中年人更多的是关注商品的结构是否合理，使用是否方便，是否经济耐用、省时省力，是否能够切实减轻家务负担。当然，中年人也会被新产品吸引，但他们更多的是关心新产品是否比同类旧产品更具实用性。商品的实际效用、合适的价格与较好的外观的统一，是吸引中年消费者购买的主要因素。

（4）购买有主见，不受外界影响。由于中年人的购买行为具有理智性和计划性的心理特征，使得他们做事大多很有主见。他们经验丰富，对商品的鉴别能力很强，大多愿意挑选自己喜欢的商品，对于销售人员的推荐与介绍有一定的判断和分析能力，对于广告一类的宣传也有很强的评判能力，受广告这类宣传手段的影响较小。

（5）购买随俗求稳，注重商品的便利性。中年人不像青年人那样完全根据个人爱好进行购买，不再追求丰富多彩的个人生活用品，需求逐渐稳定。他们更关注别人对该商品的看法，宁可压抑个人爱好而表现得随俗，买一款大众化的、易于被接受的商品，尽量不使人感到自己不够稳重。

由于中年人的工作、生活负担较重，工作劳累以后，希望减轻家务负担，故而十分欢迎具有便利性的商品。如减轻劳务的自动化、耐用消费品，半成品、现成品的食品等，这些商品往往能被中年客户认识并促成其购买行为。

4. 老年人的消费心理

对于大多数老年人来说，他们一方面习惯了节俭的生活，另一方面也必须保持部分积蓄以备不时之需，所以，有时消费欲望并不十分强烈。同时，由于老年人见多识广，他们不会因为一时的冲动而做出购买决定。老年人的消费特点是：

（1）习惯性购买心理强。老年人积累了多年的购买经验，对某商品印象深刻，形成了反复购买使用的习惯，且不易改变。老年人留恋过去的生活方式，对消费有一定的怀旧心理，对老商标和老企业比较偏爱。老年人一般对市场上的新商品趋于保守，他们习惯于购买过去曾经使用过、认为不错的商品，习惯去老商店买东西，在购买时总是不假思索地按照习惯行事，很难被销售人员所诱导。

（2）注重产品的质量和功能。进入老年的消费者不像年轻人那样富于幻想和以情感为主，而是非常理智和成熟。老年消费者把商品的实用性作为购买商品的第一目的性。他们强调商品质量可靠、方便实用、经济合理、舒适安全。至于商品的品牌、款式、颜色、包装则是放在第二位考虑的。而中国现阶段的老年消费者经历过较长一段时间并不富裕的生活，便宜的价格对于他们选择商品有一定的吸引力。但随着人们生活水平的改善、收入水平的提高，老年消费者在购买商品时并不是一味地追求低价格，品质和实用性才是他们考虑的主要因素。

（3）老年人消费理性强。老年人对经济实惠、使用方便、安全可靠及使用舒适的商品十分看重。老年人的听力、视力、平衡力、反应的敏捷性、智力、体力等都下降了，这些生理变化使他们的消费心理也发生了变化。他们一般不愿意购买复杂的产品，也不注重产品是否漂亮和时尚，而更看重质量和价格因素，很少冲动性购买。

（4）要求服务周到、方便。老年人行动不便，心理也脆弱，因而要求购买商品时能获得帮助和照顾，如他们希望购买场所交通方便，商品标价和说明清晰明了，服务热情、周到、耐心。老年人挑选商品和询问有关商品的信息时往往比较仔细，甚至啰唆，要求销售人员要耐心等候和解答。

另外，随着社会的发展和生活方式的逐步改变，具有新的消费观念和生活方式的老年消费群体正在形成和发展。

针对不同性别客户，迎合其购买心理

世界上的消费者成千上万，各有各的特点，各有各的习惯，各有各的具体情况，他们的购买心理也各不一样。在销售过程中，客户的消费心理虽然不易把握，但还是有一定的规律可循的。这种规律是从客户购买商品的心理过程中总结提炼、归纳而成的，也是消费心理的一般规律。

1. 女性客户的消费心理

在现代社会，谁抓住了女性，谁就抓住了赚钱的机会。要想快速赚钱，就应该将目光瞄准女性。销售员在实际销售过程中，应当充分重视女性消费者的重要性，挖掘女性消费市场。女性消费者一般具有以下消费心理：

（1）追求时髦 。俗话说“爱美之心，人皆有之”，对于女性消费者来说，就更是如此。不论是青年女子，还是中老年女性，她们都愿意将自己打扮得美丽一些，充分展现自己的女性魅力。尽管不同年龄层次的女性具有不同的消费心理，但是她们在决定是否购买某种商品时，首先想到的就是这种商品能否展现自己的美，能否增加自己的形象美、使自己显得更加年轻和富有魅力。例如，她们往往喜欢造型别致新颖、包装华丽、气味芬芳的商品。

（2）获取的心理。人的获取欲望或占有欲望通常表现在许多方面。绝大部分人都喜欢拥有东西。更有不少人爱搜集东西，个别人甚至还爱贮藏东西。我们不得不承认，人似乎都有一种占有欲，都想把存在的东西称作“自己的”。

一位销售人员在向一位家庭主妇销售一种高级食用烹调油时，看到这位买主还有些拿不定主意，这位销售人员便立即说：“我们最新生产的这种产品已经快要售完了，如果您放弃的话，那么您的邻居将会毫不犹豫地买下它的。”于是这位主妇便马上掏出钱来，买下了这种高级食用烹调油。

由此看出，占有的欲望在这桩买卖中起了决定性的作用。

另外，从产品试用的效果也可以看出这一点：如果一个买主已经试用了一台计算机或打字机一段时间，他也会很难再让人把它搬走，因为他觉得这个东西已经是属于他的了，这时他的占有欲会特别强烈，如果你上门询问，他便会马上掏出钱来将这种东西买下的。

（3）感情强烈，喜欢从众。女性一般具有比较强烈的情感特征，这种心理特征表现在商品消费中，主要是用情感支配购买动机和购买行为。同时她们经常受到同伴的影响，喜欢购买和他人一样的东西。

（4）喜欢炫耀，自尊心强。对于许多女性消费者来说，之所以购买商品，除了满足基本需要之外，还有可能是为了显示自己的社会地位，向别人炫耀自己的与众不同。在这种心理的驱使下，她们会追求高档产品，而不注重商品的实用性。只要能显示自己的身份和地位，她们就会乐意购买。此外，像一些港台大腕明星的发型、服饰也是许多年轻女性争相效仿的对象。

一位年轻的姑娘非常崇拜香港影星张曼玉小姐，她对张的崇拜已达到了一种痴迷的程度。在一个偶然的机会里她看到了由张曼玉小姐出演的力士香皂广告，于是她便一次从商店里购买了几十块力士香皂。

作为销售员，你在实际销售一些产品时，也可以利用这种购物心理，但一定要记住向买主提出这些东西是时下人们所崇拜的明星爱用的。只有这样，买主的自尊心才会膨胀，并希望去效仿他们。同理，你也会收到满意的效果。

但是，需提醒销售员注意的是，在一般情况下，效仿炫耀的购物心理是在买主头脑中自动发生作用的，在你向买主劝购的过程中还是应当少谈为妙。如果你公开利用这种心理，则必须加以小心，因为许多消费者都往往不喜欢当众讨论这种问题。

2. 男性客户的消费心理

（1）动机形成迅速、果断，具有较强的自信。男性的个性特点与女性的主要区别之一就是具有较强理智性、自信心。他们善于控制自己的情绪，处理问题时能够冷静地权衡各种利弊因素，能够从大局着想。有的男性则把自己看作能力、力量的化身，具有较强的独立性和自尊心。这些个性特点也直接影响他们在购买过程中的心理活动。

因此，男性客户的动机形成要比女性果断迅速，并能立即导致购买行为，即使是处在比较复杂的情况下，如当几种购买动机发生矛盾冲突时，他们也能够果断处理，迅速做出决策。特别是许多男性不愿“斤斤计较”，购买商品也只是询问大概情况，对某些细节不予追究，也不喜欢花较多的时间去比较、挑选，即使买到稍有毛病的商品，只要无关大局，也不去计较。

（2）购买动机具有被动性。就普遍意义讲，男性消费者不如女性消费者经常料理家务，照顾老人、小孩，因此，购买活动远远不如女性频繁，购买动机也不如女性强烈，比较被动。在许多情况下，购买动机的形成往往是由于外界因素的作用，如家里人的嘱咐、同事朋友的委托、工作的需要等，动机的主动性、灵活性都比较差。我们常常看到这样的情况，许多男性客户在购买商品时，事先记好所要购买的商品品名、式样、规格等，如果商品符合他们的要求，则采取购买行动，否则，就放弃购买行为。

（3）购买动机比较稳定。男性消费者在购买活动中心境的变化不如女性强烈，不喜欢联想、幻想，他们往往把幻想看作未来的现实。所以，当男性消费者的购买动机形成后，稳定性较好，其购买行为也比较有规律，即使出现冲动性购买，也往往自信决策准确，很少反悔退货。需要指出的是，男性消费者的审美观同女性有明显的差别，这对他们动机的形成也有很大影响。比如，有的男性消费者认为，男性的特征是粗犷有力，因此，他们在购买商品时，往往对具有明显男性特征的商品感兴趣，如烟、酒、服装等。

满足人性需求，每个客户都需要赞美

爱听赞美之语，是人的本性。卡耐基在他的著作中讲道：“人性的弱点之一，就是喜欢别人的赞美。”的确，每一个人都觉得自己有很多值得夸耀的地方。赞美不但可以拉近人与人之间的距离，而且能够打开一个人的心扉。一个成功的销售者，会努力满足客户的这种心理需求。既然客户需要赞美，销售者就没有必要吝啬赞美的语言，因为赞美是不需要增加任何成本的销售方式。

马丽开了一家服饰店，当起了老板。她的店铺位置并不怎么好，但令人惊讶的是，开张不久，她的生意就已经应接不暇。同行对此非常好奇，很想了解她的经营秘诀，于是便偷偷地观察起了她。

马丽个子娇小，性格活泼，说话亲切，待人友善，是那种让人一见就喜欢的人。有一天，一对年轻的夫妇来到她的店里看衣服。一见到有客人来了，她连忙上前向他们热情地打招呼。

这对年轻的夫妇看了一会儿，年轻的妻子便在一件漂亮的大衣前挪不动步了。见此情形，马丽便适时地走上前去，得体地向那对年轻的夫妇推销了起来。听了马丽的介绍，俩人更加心动了。不过，那位妻子还是表露出遗憾的表情："这件大衣确实非常不错，可惜太贵了！"

"价格方面有商量。关键是合不合您身，如果您穿起来不合身，不能彰显您的优雅的气质和曼妙的身材，即使送给您也没用，对吧？不如您试穿一下吧？"

等她试穿完后，马丽问："您穿上去之后，感觉如何？"那位妻子回答说："感觉是很好，只是价格太贵。"

"您肯定明白这样的道理：'一分钱一分货。'如果价格太低了，成本都划不来啊。其实，您也可以这样想一想，您把这个价格除以十，因为这件大衣您至少可以穿十年。而且当您参加同学的婚礼或某个重要的宴会时，穿着这件品位出众的大衣一定会令您增色不少。同时，迷人的穿着会让您先生赏心悦目，大方高贵又会让您先生倍儿有面子。您说是不是呢？"

马丽一边说一边看看那位妻子，又看看那位丈夫。这时候，丈夫虽然没说什么，但脸上的表情已经出卖了他——他想为年轻的妻子买下这件大衣。

于是，马丽又说："小姐，您真幸运，有许多太太到这儿都看上了这件大衣，可惜并不是每个人都适合穿这件衣服的，不过您的气质与品位真的和这件大衣很配。"马丽这一番话说得这对年轻夫妇心花怒放，最后，俩人决定买下这件价值不菲的大衣。

销售往往就是这样：赞美说得好，产品就畅销。马丽平时在和客户交谈时，总是懂得察言观色，善用得体的赞美去夸奖客户，所以客户都很乐意听她说话，很多客户都成了她的回头客，而且还经常给她推荐新客人。长此以往，试想一下，马丽的生意能不兴隆吗？

真诚地赞美客户，这是令客户"开心"的特效药。每当你赞美客户的成就、特质和财产时，就会提高他的自我肯定，让他更得意。只要你的赞美是发自内心的，他就会因为你而得到正面肯定的影响，他会对你产生好感，也会增加对你的满意度。

销售人员赞美客户的内容多种多样：外表、衣着、谈吐、气质、工作、地位，以及智力、能力、性格、品格等。只要自然真诚并且恰到好处，客户的任何方面都可成为赞美的内容。

有一次，詹姆士去拜访一位年轻的律师，他对詹姆士的介绍和说明丝毫不感兴趣，对詹姆士本人也显得格外冷漠。但詹姆士在临离开他的事务所时不经意的一句话，却意外地使他的态度来了个180度大转弯。

“理查德先生，我相信将来你一定能成为这一行业中最出色的律师，我以后绝对不再随便打扰你，但是如果你不介意的话，我希望能和你保持联系。”

这位年轻的律师马上反问他：“你说我会成为这一行最出色的律师，这可不敢当，阁下有什么指教呢？”

詹姆士非常平静地对他说：“几个星期前，我听过你的演讲。我认为那次演讲非常精彩，可以说是我听过的最出色的演讲之一。这不仅仅是我一个人的看法，出席大会的其他会员也这样评价你。”

这些话听得理查德眉飞色舞，兴奋异常。詹姆士早已看得出来，于是乘胜追击，不失时机地向他请教如何在公众面前能有这样精彩的演讲。他兴致勃勃地跟詹姆士讲了一大堆演讲的秘诀。

当詹姆士离开他的办公室时，他叫住詹姆士说：“詹姆士先生，有空的时候希望你能再来这里，跟我聊聊。”

没几年时间，年轻的理查德果然在费城开了一间自己的律师事务所，成为费城少有的几位杰出律师之一。而詹姆士一直和他保持着非常密切的往来。

在与理查德交往的那些年里，詹姆士不时地对他表示关心与称赞，而他也不断地拿他的成就与詹姆士分享。

在理查德的事业蒸蒸日上的同时，詹姆士卖给他的保险也与日俱增。他们不但成了最要好的朋友，而且通过理查德的牵线搭桥，詹姆士结识了不少社会名流，为他的销售准备了许多有价值的潜在客户。

每个人都希望得到别人的称赞和关心，客户也是如此。每个人都有希望别人赞赏的心理，而且得体的赞美是很容易让人注意的。因此，在你拜访客户时，适当地赞美一下你的客户，是唤起客户注意的有效方法。

美国华克公司承包了一项建筑工程：要在一个特定的日子之前，在费城建一座庞大的办公大厦。开始时一切都顺利依计划进行，不料在接近完工阶段，负责供应内部装饰用的铜器承包商突然宣布：他无法如期交货了。这是个天大的坏消息，这样一来，整个工程都要耽搁了！巨额罚金！重大损失！就因为这个环节出现了问题。

于是，长途电话不断，双方争论不休。一次次交涉都没有结果。华克公司只好派高先生前往纽约与铜器承包商谈判。

高先生走进那位承包商的办公室，丝毫没有怨气，微笑着说："你知道吗？在布鲁克林，有您这样姓氏的人只有你一个。"

承包商感到很意外："哦，是吗？我并不知道。"

"哈！我一下火车就查电话簿，想找你的地址，结果巧极了，有你这个姓的只有你一个人。"

"我从来不知道。"承包商兴致勃勃地查阅起电话簿来，"嗯，真的，这是一个很不平常的姓。"他有些骄傲地说："我这个家族从荷兰移居纽约，几乎有200年了。"

他饶有兴致、滔滔不绝地谈论起他的家庭及祖先。当他说完之后，高先生仍然没有谈论正题，继续称赞他居然拥有一家这么大的工厂。承包商说："这是我花了一生的心血建立起来的一项事业，我为它感到骄傲，如果你愿意，可以随我到车间参观一下。"

高先生欣然前往。在参观时，高先生又一再称赞他的组织制度健全，机器设备新颖。这位承包商高兴极了，他声称这里有一些机器还是他自己发明的呢。高先生马上又向他请教：那些机器如何操作？工作效率如何？到了中午，承包商坚持要请高先生吃饭，他说："到处需要铜器，但是很少有人对这一行像你这样感兴趣的。"到此为止，高先生一次也没有提起这次访问的真正目的。

最后吃完午餐，承包商说："好吧，我们谈谈正事吧。是的，我知道你这次来的目的，但我没有想到我们的相会竟是如此愉快。你可以带着我的保证回费城去，我保证你们要的东西如期运到，我这样做会给另一笔生意带来损失，不过我认了。"

高先生轻而易举地获得了他所急需的东西。那些器材及时运到，使大厦在契约期限届满的那一天终于可以完工了。

销售人员对客户发自肺腑的赞美，总能产生意想不到的效果。作为一名销售人员，你要时刻以用心找出对方有价值的东西为首要任务，这样才能使销售在友好、和谐的气氛中形成高潮。销售人员应该时刻不忘向客户强调产品的价值所在，还要设法使客户觉得那价值实在值得珍惜。客户会因此而对自己没意识到的价值有新的认识，而销售人员这时只要扮演鼓励他、帮助他、赞美他的角色，客户对销售人员的好感就会越来越强烈。

对你的客户说一些赞美的话，这只需要花费几分钟的时间，却能增加人与人之间无限的善意。

真心的赞美有以下几种：

称赞客户的衣着。"我很喜欢你的领带！"或者是"你穿的毛衣很好看。”

称赞客户的小孩。“你的儿子真可爱！”或者是“你的女儿好漂亮，她几岁？”

称赞客户的行为。“对不起，让您久等了，你真有耐心。”或者是“我发现你刚刚正在检查……你真是个谨慎的消费者。”

称赞客户拥有的东西。“我喜欢你的汽车，这辆车是哪一年出厂的？”

贴切的赞美往往会迅速缩短销售人员与客户之间的心理距离，从而达成有效销售的目的。鼓励和赞美你的客户，使客户有一种满足感和成就感，把他当作你的知心朋友、一生一世的朋友，这对你的销售工作有着不可估量的作用。

有的放矢，了解客户的购买动机

《孙子兵法》云：“知彼知己，百战不殆。”销售人员在推销过程中，充分了解客户的购买心理，是促成生意成交的重要因素。

一位妇女走进一家鞋店，试穿了一打鞋子，没有找到一双合脚的。营业员甲对她说：“太太，我们没能有合您意的，是因为您的一只脚比另一只大。”

这位妇女走出鞋店，没有买任何东西。

在下一家鞋店里，试穿被证明是同样的困难。最后，笑眯眯的营业员乙解释道：“太太，您知道您的一只脚比另一只小吗？”

这位妇女高兴地离开了这家鞋店，携着两双新鞋子。

不同的销售人员会给客户以不同的感受。不同的销售方式能导致不同的销售结果。营业员甲之所以失败，是因为她不懂得客户的心理——女性爱美，不喜欢别人说自己的脚大。

客户在成交过程中会产生一系列复杂、微妙的心理活动，包括对商品成交的数量、价格等问题的一些想法及如何成交、如何付款、订立什么样的支付条件等。客户的心理对成交的数量甚至交易的成败，都有至关重要的影响。因此，优秀的销售人员都懂得对客户的心理予以高度重视。

由于人的购买行为是受一定的购买动机或者多种购买动机支配的。研究这些动机，就是研究购买行为的原因，掌握了购买动机，就好比掌握了扩大销售的钥匙。

归纳起来，客户的消费心理主要有以下几种：

1. 求实心理

这是客户普遍存在的心理动机。他们购物时，首先要求商品必须具备实际的使用价值，讲究实用。有这种动机的客户在选购商品时，特别重视商品的质量效用，追求朴实大方、经久耐用，而不过分强调外形的新颖、美观、色调、线条及商品的“个性”特点，故在挑选商品时认真、仔细。

2．求美心理

爱美之心，人皆有之。有求美心理的人，喜欢追求商品的欣赏价值和艺术价值。以中青年妇女和文艺界人士中较为多见，在经济发达国家的客户中也较为普遍。他们在挑选商品时，特别注重商品本身的造型美、色彩美，注重商品对人体的美化作用、对环境的装饰作用，以便达到艺术欣赏和精神享受的目的。

3．求新心理

有的客户购买物品注重“时髦”和“奇特”，爱赶“潮流”。在经济条件较好的城市中的年轻男女中较为多见，在西方国家的一些客户身上也常见。

4．求利心理

这是一种“少花钱多办事”的心理动机，其核心是“廉价”。有求利心理的客户在选购商品时，往往要对同类商品之间的价格差异进行仔细的比较，还喜欢选购折价或处理商品。具有这种心理动机的人以经济收入较低者为多。当然，也有经济收入较高而节约成习惯的人，他们精打细算，希望尽量少花钱。有些希望从购买商品中得到较多利益的客户，对商品的花色、质量很满意，爱不释手，但由于价格较贵，一时下不了购买的决心，便讨价还价。

5．求名心理

这是以一种显示自己的地位和威望为主要目的的购买心理。有这种心理的客户多选购名牌，以此来炫耀自己，他们普遍存在于社会的各阶层，尤其是在现代社会中，由于名牌效应的影响，吃、穿、住、行使用名牌，不仅提高了生活质量，更是一个人社会地位的体现。

6. 仿效心理

这是一种从众式的购买动机，其核心是不落后或“胜过他人”。他们对社会风气和周围环境非常敏感，总想跟着潮流走。有这种心理的客户，购买某种商品，往往不是由于急切的需要，而是由于为了赶上他人，超过他人，借以求得心理上的满足。

7. 偏好心理

这是一种以满足个人特殊爱好和情趣为目的的购买心理。有偏好心理动机的人，喜欢购买某一类型的商品。例如，有的人爱养花，有的人爱集邮，有的人爱摄影，有的人爱字画等。这种偏好性往往同某种专业、知识、生活情趣等有关。因而偏好性购买心理动机也往往比较理智，指向也比较稳定，具有经常性和持续性的特点。

8. 自尊心理

有这种心理的客户在购物时，既追求商品的使用价值，又追求精神方面的高雅。他们在购买之前就希望他的购买行为受到销售人员的欢迎和热情友好的接待。经常有这样的情况，有的客户满怀希望地进商店购物，一见销售人员的脸冷若冰霜，就转身而去，到别的商店去买。

9. 疑虑心理

这是一种瞻前顾后的购物心理动机，其核心是怕“上当”“吃亏”。他们在购物的过程中，对商品的质量、性能、功效持怀疑态度，怕不好使用，怕上当受骗，满脑子的疑虑。因此，他们反复向销售人员询问，仔细地检查商品，并非常关心售后服务工作，直到心中的疑虑解除后，才肯掏钱购买。

10. 安全心理

有这种心理的人，他们对欲购的物品，要求必须能确保安全，尤其像食品、药品、洗涤用品、卫生用品、电器用品和交通工具等，不能出任何问题。因此，他们非常重视食品的保鲜期，药品有无副作用，洗涤用品有无化学反应，电器用具有无漏电现象等。在销售人员解说、保证后，他们才会放心地购买。

11. 隐秘心理

有这种心理的人，购物时不愿为他人所知，常常采取"秘密行动"。他们一旦选中某件商品，而周围无旁人观看时，便迅速成交。青年人购买和性有关的商品时常有这种情况。一些知名度很高的名人在购买高档商品时，也有类似情况。

投其所好，区分对待不同性格的客户

商场如战场，销售人员要真正征服客户，必须做到知己知彼，才能百战百胜。除了了解客户的购买心理之外，销售人员更应该把握客户的性格，投其所好，这是至关重要的。

在《谏论》中有一个很有趣的故事：

有这么三个人，一个勇敢，一个半勇敢半胆小，一个人完全胆小。有一次，苏洵将这三个人带到渊谷边，对他们说："能跳过这条渊谷的才称得上勇敢，不然就是胆小。"

那个勇敢的人以胆小为耻辱，必然能跳过去，那个一半勇敢一半胆小和完全胆小的人不可能跳过去。

他又对这剩下的两个人说："能跳过这条渊谷的，就奖给他一千两黄金，跳不过则不给。"

这时，那个一半勇敢一半胆小的人必然能跳过去，而那个完全胆小的人却还是不能跳过去。

突然，来了一只猛虎，凶猛地扑过来，这时，你不用问，那个完全胆小的人一定会很快地跳过渊谷，就像跨过平地一样。

从这个故事中，我们可以看出，要求三个人去做同一件事，却需要用三种不同的条件来激励他们。如果只用同一种条件，显然是不能使三个人都动心的。销售也是如此，对不同的客户要采取不同的态度和方法。

不同性格的客户有各自的行为模式和思维方式，当销售人员掌握了不同性格类型的客户，以及他们的实际需求后，再进行销售，只有这样，销售工作才会干得更加出色。

以下讨论当销售人员面对几种不同类型的客户时，应该采用何种态度对待：

1. 对待商量型的客户

委托销售人员判断哪种商品适合自己的客户，我们称之为商量型客户。

客户之所以找销售人员商量，完全是出于对销售人员的信任，因此销售人员则应尽心尽职，不要使客户失望。

面对商量型客户，销售人员应做出合理的推荐，并选择在适当的时机提出建议，不要极力推销贵重商品而不管其是否适合客户的需求。只要客户满意销售人员推荐的商品，往往会促成相关商品的出售。

2. 对待沉默型的客户

这类客户难开金口，沉默寡言，个性内向。销售人员在向他们进行销售面谈时，他们总是瞻前顾后，毫无主见，有时即使胸有成竹，也不愿意贸然说出。这类客户往往态度礼貌，对销售人员也很客气，即使你唠唠叨叨，他们也绝不采取不合作的态度，始终满面笑容，彬彬有礼，只是话很少，此时销售人员一定要想办法让他们先开口说话。但怎样让对方开口呢？这就要看销售人员的口才了。例如，提出对方乐意回答的问题，或关心的话题等。和这种客户打交道，销售人员一定要耐性十足，提出一个问题之后，即使对方不立即回答，也要礼貌地等待，等对方开了口，再提下一个问题。

3. 对待冷淡型的客户

对于这种客户，即使销售人员和他们面对面，还是有疏离感。就连一般的寒暄，他们都懒得说，一副“有什么事就快说吧”的神色。对待这类生性冷淡的客户，销售人员的谈吐一定要热情，无论他们的态度多么令人失望，但为了谈出一个结果，销售人员千万不要泄气，应该主动而真诚地和他们打交道，终究是可以让他们打破沉默的。

4．对待慎重型的客户

这类客户生性谨慎保守，在决定购买以前，对商品的各方面都会做仔细的询问，等到彻底了解、合意时才会下最后的决定。而在其下决定以前，又往往会与亲朋好友商量。

对于这样的客户，销售人员应该不厌其烦地耐心解答客户提出的问题。说话时态度要谦虚恭敬，既不能高谈阔论，也不能巧舌如簧，而应该以忠实见长，话语虽然简单，但言必中肯，给对方以敦厚的印象。总之，销售人员应该尽量避免在接触中节外生枝。

5．对待谦虚型的客户

谦虚型客户在挑选商品时，往往会选择价格不高的，或者质量不是太差、功能不是太齐全的商品。

销售人员要先辨别对方是否是真心，比如说的是真心话还是在那些美好的掩饰语中说出的是言不由衷的话？

当客户买便宜货时，无论消费金额多少，销售人员都应视之为上帝，千万不要让客户觉得买便宜东西没面子。

6．对待自傲、自大型的客户

这类客户摆架子的目的无非是虚荣心作祟，需要别人肯定他的存在和地位。在销售过程中，这类客户经常推翻销售人员的意见，同时吹嘘自己。对于这种客户，销售人员要顺水推舟，先让他吹嘘个够。销售人员不但要洗耳恭听，还要不时附和几句。对于对方提出的意见，销售人员不要做正面反驳，等对方说完之后，销售人员再巧妙地将对方变成听从者，让他来附和你。

7. 对待博学型的客户

如果遇到真才实学的人，你不妨从理论上谈起，引经据典，旁征博引，使谈话富于哲理色彩，言辞含蓄文雅，既不以饱学者自居，又给人谦恭的好印象。甚至你可以把你想要解决的问题，作为一项请求提出，让他为你指点迷津。你把对方当作良师益友，就会取得对方的支持。

8. 对待见异思迁的客户

这类客户心情舒畅时非常热情，甚至使你有受宠若惊之感；但他们忧闷时，又会冷若冰霜，出尔反尔，给人一种难以捉摸的感觉。对待他们最重要的是给予充分的理解，掌握他们的心理。例如，当对方情绪不佳时，假如你能让他倾吐内心的不满，从而使他摆脱心理上的压力，对你的销售工作将大有帮助。

总之，在销售过程中，销售人员对待不同性格的客户，要采取不同的说话方式。只有因人施法，因势利导，才能事半功倍。

第三章 破译客户的身体语言密码
——读懂客户话语背后的心理潜台词

丈量客户的心理距离

美国人类学家爱德华·霍尔通过多年的观察和研究，发现了人们之间的四种距离：

第一种，密切距离：0.15米～0.45米，这是亲人之间的距离，如父母、恋人、夫妻之间，为了给对方以爱抚、安慰和保护而保持的较近的距离，使彼此伸手可触。关系比较密切的同伴也可以离得这样近。

第二种，个体距离：0.45米～1.2米，这是朋友之间的距离，能够拥抱或抓住对方的距离。这种距离可使自己对于对方的表情一目了然，适合促膝谈心。

第三种，社会距离：1.2米～3.6米，这样的距离超越了身体能接触的界限，是正式的社交场合人与人之间的距离，给人一种庄重感和严肃感。这种距离也适合在一起工作的同事之间，使彼此在工作时既不受他人影响，也不给别人增添麻烦。

第四种，公众距离：分接近型（3.67米～5米）和远离型（7.5米以上）两种，适合于演讲等公共场合，说明说话人与听话人之间有许多问题或思想有待解决与交流。

心理学研究表明，空间距离与心理距离是密切相关的。每种关系都有着不同的距离范围，陌生人之间不会离得太近，亲人之间不会离得太远。

空间的距离从一定程度上反映了彼此在心理上的距离。距离的远近与关系的亲疏密切相关。销售人员要善于通过客户与自己保持的距离来透视客户的心理，还要善于利用空间的转换拉近自己与客户之间的距离，增进彼此的情感，让客户接受你，进而接受你的商品。

一般来说，销售人员去拜访客户，或者是到客户的家里，或者是到客户的办公室。如果客户始终把你挡在门外，或者即使把你请进门，也是隔着很远的距离，让你站着简单地说几句，这说明客户对你的抗拒和防范心理是十分严重的，交易就很难成功。

如果客户把你请进了家或者办公室，和你面对面隔着茶几或者办公桌，彼此坐着进行交谈，那么则表明客户对你以及你的商品都是可以接受的，交易成功的可能性也就比较大。

如果客户越过了彼此之间的隔离，愿意坐在你的身边，听你详细地讲解，那么只要你稍微争取一下，客户就会购买你的商品。

因此，销售人员可以通过转换谈判场所来缩短彼此之间的距离，比如把会见的地点换成茶馆、酒吧、咖啡厅等比较休闲的场所，创造一种轻松和谐的氛围，减少对方心理上的陌生感，使双方的心理距离自然拉近。同时，销售人员还要善于借助各种社交活动，如棋牌、保龄球等娱乐方式，来了解客户，和客户尽快熟悉起来，并增进彼此的亲密感。

周涛是一名电子设备的销售员，他想把自己的电子设备销售给某工厂，便去拜访该厂的厂长，但是去了几次，效果并不是很好。第一次去，厂长避而不见。第二次去，厂长虽然让他进了办公室谈话，但是也没有让他坐，只是站着聊了几句，就说有事离开了。

周涛并不甘心，这一天他又来拜访这位厂长，恰好碰上厂长和秘书正在费劲地搬一台打印机到自己的办公室里。于是周涛主动上前帮忙。周涛的热情和善意让厂长很感动，于是便在忙完之后和他坐在一张沙发上聊起天来，最后愉快地同意试用他的电子设备。

不可否认，销售人员与客户初次见面，彼此之间难免会有隔膜，客户对你避而远之也是情理之中的事情，销售人员不能因此而灰心失望，而是应该想方设法地缩短彼此之间的距离，使客户的心渐渐向你靠拢，接受你并接受你的商品。

通过彼此的空间距离，销售人员一般能够比较准确地判断出与对方的关系和密切程度。销售人员可以通过在与客户会面时客户与你保持的空间距离，来测量客户与你之间的心理距离，从而洞察客户的情感变化，并应该善于运用空间距离的转换，使客户的心向你不断地靠近。

销售人员不仅要努力地赢得客户的信赖，缩短自己与客户之间的距离，还要善于控制这种距离，保持必要的礼貌和尊重。如果销售人员和客户的距离靠得太近，则会显得不庄重，反而会引起客户的反感。销售人员一定要与客户保持合适的距离，只有既显得礼貌庄重，又不失礼节，才会使彼此的关系顺利发展。

透过眼睛读懂客户的内心

人们常说，眼睛是心灵的窗户。的确，眼睛是会说话的，一个人的内心活动，经常会反映在他的眼睛里。对于一般人来说，我们透过对方的眼睛就能看出其心之所想。所以，销售人员要学会察言观色，从客户的眼神中看出客户的心理，并随机应变，化解客户的怀疑和抵制，换取客户的真诚相待。

刘芳初入职场，找到了一份推销空调的工作。经过培训之后，工作的第一天经理就交给她一位周姓客户，要她去拜访这位客户。刘芳来到这位客户的家里，经过一阵寒暄之后，刘芳开始转入正题。

“北京的气温在夏天的时候还是挺高的，你的房子又大，挺需要一台空调。”

“是啊，北京夏天的气温确实是有点高，特别是最近几年，夏天的气温越来越高了。”

“我们公司生产的空调绝对货真价实，并且最近也在搞优惠活动，可以为你省一笔很大的钱。”

“是吗？”这位客户直直地用眼睛看着刘芳，眼神一直都没有离开刘芳的脸，看起来很认真的样子。

刘芳以为这位客户被她的话打动了，于是说话更起劲了。

“我们公司的空调相对于其他公司的产品来说，在省电方面更胜一筹，这样一来，一年就能为你省一大笔钱，而我们公司的这种空调性价比也挺高的，一台空调用个十几年不成问题。”看着客户没有异议，刘芳顿了顿，“我们的空调噪声也很低，在30分贝左右，所以绝对不会影响您的工作和休息。”

……

经过一段长时间的谈话之后，刘芳拿出订单让客户在上面签字，但是客户却说：“让我考虑考虑吧，我过两天给你回信。”

两天之后，这位客户也没有给刘芳回信，就这样，她的这次销售泡汤了。

刘芳不知道，其实客户在用眼睛直直地看着她的时候，就已经表明了客户对她的产品的态度，只是她没有发现，所以她的这次推销才没有成功。

因此，成功的销售员一定要善于观察，学会关注客户的眼神，读懂客户眼神里所表达的意思，从而调整自己的销售策略。

保险销售员小王敲开了一家客户的门，一位中年妇女开门，一看是陌生人，也没有说话，只是用充满敌意的眼神看着他。小王赶忙递上自己的名片，并主动地做自我介绍。女主人“哦”了一声说：“进来吧！”小王觉得这个客户肯定比较苛刻，应该小心应付。

进屋后，小王对自己的业务进行了简单的介绍。女主人一直以怀疑的眼神看着他，而且态度很是冷淡，虽然她没有说什么，却让小王有些迟疑，他知道客户对他的戒心很重，要想办法消除客户的怀疑。

于是他说：“我们的信誉您可以放心，在这个小区里已经有很多客户买了保险，因为我们推出的一种新的业务很适合您这样的家庭。您可以考虑一下。哦，对了，前几天您楼下的张太太刚买了一份，您也可以向她咨询一下。”听小王这样说，女主人才稍稍放心了一些。这时女主人家的小孩放学回家了，便和小王一起玩，女主人看见他对自己的孩子很好，很会哄孩子，觉得小王是个真诚而负责的人，于是看待小王的眼神变得柔和而友好。经过小王的说服和争取，女主人终于决定购买他的保险。

在销售中，销售人员会遇到形形色色的客户，难免会遭到客户的冷眼，当然也会得到客户理解的眼神、支持的眼神、鼓励的眼神、称赞的眼神。一般地，在销售中，客户的眼神有以下几种类型：

1．柔和友好型

这样的客户是善良的、真诚的，对人很少有戒心。在面对销售人员时，他们会眉眼含笑，嘴角也有笑意，表现出对人的热情和好感。这样的客户是销售人员喜欢遇见的，即使生意不成，也会带着愉快的心情离开。

2．怀疑型

大多数人对待销售人员都充满了怀疑，因此看销售人员的眼神也会充满不信任。客户在购买商品时总是比较谨慎的，如果销售人员提供的信息没有足够的说服力就会引起客户的怀疑。客户的眉头就会微皱，眼睛的瞳孔变小，眼睛里透露出迟疑的神情。

3．好奇型

如果销售人员的商品有很多有趣的地方，这时客户的眼睛瞳孔放大，眼皮抬高，盯着销售人员或者商品仔细地看，表现出很大的兴趣。有些商品有着奇特的功能，在制作工艺上很有技巧性，如果客户之前没有见过这样的商品，就会为商品的奇特性所吸引，并表现出惊讶。他们的瞳孔会变大，嘴巴微微张开。如果销售人员能够有效地进行引导，就会促使客户购买。

4．沉静型

这些人眼睛的瞳孔总是保持自然状态，眼皮不动，冷静地看着销售人员，这说明销售人员的商品或者话题对客户来说不足为奇，无法引起客户的兴趣。这样的客户一般见多识广，很有主见，而且很沉着，不会被销售人员华丽的说辞所迷惑。对待这样的客户，用真诚的服务和优秀的商品品质来打动他们是最实际的。

看客户的眼色行事，重视客户的感觉和反应，从中获得关于客户内心情感的准确信息，从而把握客户的心理，只有这样，销售人员才能够有针对性地去应对各种状况，克服不利因素的影响，获得客户的信任和喜欢，让销售顺利进行。

察言观色，摸清客户的意图

俗话说：“出门看天色，进门看脸色。”所谓察言观色，意思是说一个人要经常观察他人的言语脸色，揣摩他人的意图，做到有的放矢。

察言观色是销售人员了解他人的窗口。在销售的过程中，如果你的观察能力强，能够很好地察言观色，就可以做到知己知彼，促进销售。

有位心理学家曾讲过："在世界的知识中，最需要学习的就是如何洞察他人。"在实际销售中，销售员既要察言，又要观色，把它们结合起来，这对提高销售业绩十分重要。如果销售员能察言观色，及时地改变先前的决定，及时地退或进，及时地把自己的言行组合或分解，及时地控制自己的喜怒哀乐，那么，与客户的关系一定会更加和谐。

西汉初年，汉高祖刘邦打败项羽，平定天下之后，开始论功行赏。这可是攸关后代子孙的万年基业，群臣自然当仁不让，彼此争功，吵了一年多还吵不完。

汉高祖刘邦认为萧何功劳最大，就封萧何为侯，封地也最多。但群臣心中却不服，私底下议论纷纷。

封爵受禄的事情好不容易尘埃落定，众臣对席位的高低先后又群起争议。许多人都说："平阳侯曹参身受七十次伤，而且率兵攻城略地，屡战屡胜，功劳最大，他应排第一。"刘邦在封赏时已经偏袒萧何，委屈了一些功臣，所以在席位上难以再坚持己见，但在他心中，还是想将萧何排在首位。

这时候，关内侯鄂君已揣测出刘邦的心意，于是就顺水推舟，自告奋勇地上前说道："大家的评议都错了！曹参虽然有战功，但都只是一时之功。皇上与楚霸王对抗五年，时常丢掉部队，四处逃避，萧何却常常从关中派员填补战线上的漏洞。楚、汉在荥阳对抗好几年，军中缺粮，也都是萧何辗转运送粮食到关中，粮饷才不至于匮乏。再说，皇上有好几次避走山东，都是靠萧何保全关中，才能顺利接济皇上的，这些才是万世之功。如今即使少了一百个曹参，对汉朝有什么影响？我们汉朝也不必靠他来保全啊！你们又凭什么认为一时之功高过万世之功呢？所以，我主张萧何第一，曹参居次。”

这番话正中刘邦的下怀，刘邦听了，自然高兴无比，连连称好，于是下令萧何排在首位，可以带剑上殿，上朝时也不必急行。

而鄂君因此也被加封为“安平侯”，得到的封地很大。他凭着自己察言观色的本领，享尽了一生荣华富贵。

其实，每个人在与别人进行交流的时候，他的表情、动作都会向对方传达很多的信息，所以，我们一定要学会如何察言观色，怎样看别人的脸色行事。销售也是如此。

“脸上的表情，天上的云彩。”成功的销售员具有察言观色的本领，他们能够根据对方的言行举止、喜怒哀乐等来分析自己的言行是否合理。这样的销售员往往比一般的销售员具有更强的适应性，至少他们不会在客户高兴时，泼一盆冷水，弄得大家不欢而散，更不会在客户愤怒时，出言不逊，惹祸上身。

肯尼迪是公司里有名的铁嘴，在大学的时候，他还是学校里辩论社的社员，参加过几次国家级的辩论赛，每次都被评为最佳辩手。因此他选择了销售这一行业，他想把他的能说会道好好地利用起来。也正是他的这种能力，使得他在公司的销售业绩一直都名列前茅。

但是就是这样的名嘴，也有过一次因说话不得体而失败的销售经历。那一次，肯尼迪去拜访一位客户，但是那位客户住在第15层楼。那一天，当他来到客户的那栋楼的时候，停电了。电梯不能使用，于是他不得不爬上15楼。由于以前习惯了坐电梯，突然爬这么高的楼令他上气不接下气。他好不容易爬上15楼，按响了客户的门铃。来开门的是一位先生，肯尼迪坐定之后，开始和客户唠家常。突然他们就把话题转移到了停电这一件事上来了，肯尼迪一听停电就来气，害得自己爬15层楼。说着说着，肯尼迪突然冒出一句：“你们家的楼层可真高，差点让我趴下了。”

一听这话，客户的脸色突然就变了，肯尼迪马上意识到自己说错了话。可不管他怎么解释，客户还是要他尽快离开。

就这样，一笔生意飞了。

由此可见，不会看客户脸色说话，就会惹怒客户，销售也无从谈起。

你的话语在客户那里有怎样的反应，这种反应就会显示在客户的脸上，因此，销售员在与客户谈话的过程中，要学会观察客户的脸色，要注意说话技巧。我们说，沟通要有艺术，良好的口才可以助你事业成功，良性的沟通可以改变你的人生。所以，你与客户交流时，要注意管好自己的口，用好自己的嘴，要知道什么话应该说，什么话不应该讲。

言为心声，听客户说话可知其性情

言谈是一个人品性、才智的外露。我们通过言谈和辨声能够从人的欲望、抱负等方面进一步了解一个人，从而达到窥探对方的内心世界的目的。在实际销售中，销售员可以从客户内心发出来的声音中，分辨其修养和性格以及当时的心理。

常言道：言为心声。一个人在说话的时候，多多少少总会反映出其内心的一些活动。分析、判断他人的言语，是我们洞察他人的心理奥秘的有效方法。从一定的意义上说，语言是一种现象，人的欲望、需求、目的是本质。现象是表现本质的，本质总要通过现象表现出来。语言作为人的欲望需求和目的表现，有的是直接明显的，有的是间接隐晦的，甚至是完全相反的。对于那些直接表达内心动向的语言来说，每个人都能理解。正常的、普通的人际交往，就是以这种语言为媒介进行的。那些含蓄、隐晦甚至以完全相反的方式表现心理动向的语言，不是每个人都能理解的，人与人的差别，大多也就表现在这里。

另外，我们也可以通过说话的语速来识别一个人的个性。记得有人曾说过："人的表情有二，一是呈现在脸上的表情，二是表现在言谈中的表情。"的确如此，语速可以很微妙地反映出一个人说话时的心理状况。留意他的语速变化，你就留意到了他的内心变化。一个人交谈时的语速可直接反映出他的心理状态。

在一次对外贸易出口大会上，小李代表我方与客商进行主要谈判。在第一轮谈判中，客商千方百计地采取各种招数来摸我们的底。每当客商感觉马上要打探到我方的关键信息的时候，客商说话的语速就会很快，掩饰不住他内心的紧张和激动。而这一切都被小李看在眼里。小李可不是一般人，他是学过心理学的研究生，对于客商这些由语速变化而表现出的内心变化可以说是了如指掌。于是，正当客商罗列过时行情，故意压低购货的数量的时候，小李明智地选择了中止谈判，开始搜集相关的情报。

第二天早晨，谈判又开始了。客商一上来就慢悠悠地说道："我们觉得吧，价格不能再高了，不然我们就找别的厂子了。"精明的小李一听客商说话的语速这么慢，而且还不着急，心想坏了，肯定是客商知道了我们的报价。这个时候，小李只能给对方放烟幕弹了。虽然小李内心恐慌，但他还是让自己镇定下来，对客商说："价格的问题我们待会儿可以商量，我们想让您先看看我方产品。我方的价格虽然比别的厂商要贵一些，但我方产品是由中国××保险公司给担保的，产品质量非常有保障。而且我方产品是进行跟踪服务的，出现了问题，公司会直接派专业人员上门进行维修，而且所需的维修材料保证也是我方产品。"

客商听完这些话之后，用平缓的语气说道："嗯，请接着说。"小李一听，知道客商这时放松了警惕，已经被自己牵着鼻子走了，早就忘记他之前价格的事情了。小李趁热打铁继续说道："其实，这么算下来，您自己找人来维修，所花费的金钱、时间、精力足够让您得到比这个价格更大的利润。我想，您应该会做出明智的选择。"

在经过一些小的交涉之后，客商乖乖就范，接受了我方的价格，购买了大量产品。

很多时候，一个人说话的语气、语速变化，往往会暴露他的内心变化。如果销售员能够很好地抓住客户的心理活动，基本上可以说就真正地"控制"住了这个客户。

生活中，有的人说话速度快，有的人说话速度慢；有的人说话语气缓和，有的人说话则坚决果断。其实，人的说话速度和语气之所以千差万别，其实都是受到了他们性格和习惯的影响。

语速主要指说话的快慢，与说话的人的心理活动联系密切。一般来说，当人比较懈怠或安逸时，语速较缓；当人情绪波动较大时，语速就会明显加快。人们的说话速度和语气会透露出他们的真实性格，在交谈过程中，我们可以通过观察对方的说话速度和语气，更好地了解对方的个性。

1．说话语速缓慢的人

这类人通常会给人一种诚实、诚恳、深思熟虑的感觉，但也会显得犹豫不决、漫不经心，甚至是悲观消极。他们大都是性格沉稳之人，也就是通常人们所说的慢性子。

2．说话语速稍快的人

这类人几乎都属于外向型的人。外向型的人说话声音流畅，声音的顿挫富于变化，且能说善道，只要一想到什么事情，就会不假思索、恰如其分地表达出来，有时还会把自己的身体挪近对方，说到关键之处，唾沫横飞，有时甚至会随意打断对方的话语，以便贯彻自己的主张。

3．说话语速反常的人

这类人平时少言寡语、慢条斯理，突然之间夸夸其谈、口若悬河，说明他们在内心深处有不愿意被他人洞察的秘密，想用快言快语作为掩饰，转移他人的注意力。或许他们还有让对方了解的愿望，仓促之间不知道该如何表达，所以在语速上出现了反常。

4．由自信决定语速的人

自信的人多用肯定语气与别人进行对话；而没有自信心和怯懦的人，说话的节奏缓慢，多半慢吞吞，好像没有吃饭似的没有力气。喜欢低声说话的人，不是有女性化的倾向，就是缺乏自信。

5．经常滔滔不绝、谈个不休的人

这类人一方面目中无人，另一方面好表现自己，并且，他们一般性格外向。当话题冗长、需要相当时间才能告一段落时，他们心中必潜藏着唯恐被打断话题的不安，所以才会以盛气凌人的方式谈个不休。

6. 说话轻声细语的人

这类人生性小心谨慎，具有一定的文化修养，措辞严谨适当，而且谦恭有礼。他们对人很有礼貌，别人也会尊重他们。他们胸襟宽阔，能够包容他人的缺点和错误，对人也很客气，不轻易责怪与怨恨他人，注重与他人交往，能够主动与周围的人拉近距离。

7. 喜欢用含糊不清的语气和词语结束话题的人

这类人非常胆小怕事，大多神经质，喜好明哲保身，需要承担责任时常常推托搪塞。比如说话时，习惯以“这只是个人的看法”“不能以偏概全”“从某种意义上讲”或“在某种形势下”等语句结尾。

及时捕捉客户的购买信号

所谓购买信号，是指客户在销售洽谈过程中所表现出来的各种成交意向。成交机会往往是稍纵即逝的，虽然短暂，但并非无迹可循。客户有了购买欲望时往往会发出一些购买信号，有时这些信号是下意识地发出的，客户自己也许并没有强烈地感觉到或不愿意承认自己已经被你说服，但他的语言或行为会告诉你可以和他做交易了。对于销售人员来说，准确地把握时机是相当重要的，否则将很容易错失成交的大好机会。

当客户产生了一定的购买意向之后，如果销售人员细心观察、认真揣摩，就一定能够从他对一些具体信息的询问中发现成交信号。比如，客户向你询问一些比较细致的产品问题，向你询问产品某些功能及使用方法，或者向你询问其他老客户的反映，询问公司在客户服务方面的一些具体细则等。在具体的交流或沟通实践当中，客户具体采用的询问方式各不相同，但其询问的实质几乎都可以表明其已经具有了一定的购买意向，这就要求销售人员迅速对这些信号做出积极反应。

很多销售人员之所以得不到订单，并非是因为他们不够努力，而是因为他们不懂捕捉客户成交的具体信号，他们对自己的介绍缺乏信心，总希望能给对方留下一个更完美的印象，结果反而失去了成交的大好时机。

小王是某配件生产公司的销售员，他非常勤奋，沟通能力也相当不错。前不久，公司研发出了一种新型的配件，较之过去的配件有很多性能上的优势，价格也不算高。小王立刻联系了他的几个老客户，这些老客户都对该配件产生了浓厚的兴趣。

此时，有一家企业正好需要购进一批这种配件，采购部主任非常热情地接待了小王，并且反复向小王咨询有关情况。小王详细、耐心地向他解答，对方频频点头。双方聊了两个多小时，十分愉快，但是小王并没有向对方索要订单。他想，对方还没有对自己的产品了解透彻，应该多接触几次再下单。

几天之后，他再次和对方联系，同时向对方介绍了一些上次所遗漏的优点，对方非常高兴，就价格问题和他仔细商谈了一番，并表示一定会购进。这之后，对方多次与小王联络，显得非常有诚意。

为了进一步巩固客户的好感，小王一次又一次地与对方接触，并逐步和对方的主要负责人建立起了良好的关系。他想："这笔单子已经是十拿九稳的了。"

然而，一个星期后，对方的热情却慢慢地降低了，再后来，对方发现了他们的产品中的几个小问题。这样拖了近一个月后，这笔本该到手的单子就这样黄了。

小王的失败，显然不是因为缺乏毅力或沟通不当，也不是因为该产品缺乏竞争力，而是因为他没有把握好成交的时机。

许多销售最终失败不是因为你没有有效地说服客户，很多时候，客户已经做好了购买的决定，而你却没有及时发现对方发出的这些成交信号，结果大好的成交机会就这样被你轻易错过了。那么，怎么知道是应该成交的时候了呢？客户的购买信号有很多，但是很少有直接表述的，这就需要销售人员仔细观察，并及时把握这些暗示的语言动作，从而有利于成交的快速进行。

客户的购买信号的表现形式是复杂多样的，一般可把它分为语言信号、身体信号和行为信号。客户的购买信号一旦出现，销售人员就要及时抓住机会，促进成交。

1. 语言的信号

客户的购买信号的表现是很微妙的，有时他们可以通过某些言语将这些信号传递给销售人员。例如：

“听起来倒挺有趣的……”

“我愿……”

“你们的售货条件是什么？”

“它可不可以被用来……”

“多少钱？”

总之，客户如果将购买信号隐藏在他们的言语中，这时销售人员更要具有很强的辨别能力，从客户的言语中找到其真实的感受，促成与客户之间的交易。

2. 身体的信号

客户的身体语言是无声的语言，它也能够表现出客户的心情与感受，它的表现形式更微妙，更具有迷惑性。销售人员请注意观察客户是否：

突然变得轻松起来。

转向旁边的人说：“你看怎么样？”

突然叹气。

突然放开交叉抱在胸前的手（双手交叉抱在胸前表示否定，当把它们放下时，障碍即告消除）。

身体前倾或后仰，变得松弛起来。

松开了原本紧握的拳头。

伸手触摸产品或拿起产品说明书。

当以上任何情形出现时，你就可以征求订单了，因为你观察到了正确的购买信号。

3. 表示友好的行为或姿态

有时客户突然对你表现出友好和客气的姿态，如：

“要不要喝杯咖啡？”

“要喝点什么饮料吗？”

“留下来吃午饭好吗？”

“你真是个不错的售货员。”

“你真的对你的产品很熟悉。”

请密切注意你客户所说的和所做的一切，也许获得订单的最大绊脚石是销售人员的太过健谈，从而忽视了客户的购买信号。任何时候你认为你听到或看到了一种购买信号，你就可以征求订单了。

有经验的销售人员会捕捉客户透露出来的有关信息，并把它们作为促成交易的线索，勇敢地向客户提出销售建议，使自己的销售活动趋向成功。而这些购买信号对促成销售人员与客户之间的交易也发挥了重大的作用。作为销售人员，我们应该对购买信号具有高度的敏感性。一般来说，观察客户的购买意图是不难的。销售人员一般通过察言观色，根据客户的谈话方式或由面部表情的变化，便可以做出判断。

有时，虽然客户有购买意图，但是他们仍然会提出一些反对意见。这些反对意见也是一种信号，说明双方很快就有可能达成协议，促成交易的顺利完成。例如，客户可能还会向你提出：“这种产品在社会上真的很流行吗？”“这种材料是否经久耐用？”等，这些反对意见一般来说都不是根本的反对意见，客户一般也不把这些反对意见放在心上。如同做出其他任何一种决定一样，在决定拍板时，客户心里总是犯嘀咕，认为这是决定性的时刻，成败都在此一举，因此客户会有各种各样的顾忌，如费用、购买后果、购买后出现的困难、产品使用方面的困难，等等。

总之，销售人员对于客户所表现出来的购买信号要善于获取，利用它做好最后的成交，还要处理好客户提出的反对意见，确保交易能顺利进行。

第四章 打开客户的心扉
——迅速拉近与客户的心理距离

让微笑永远挂在脸上

微笑是人类最动听的语言。真诚自然的微笑，会让一个人变得魅力十足，它传达的是人们心中的一份自信和坦然，这样对方就会感受到积极向上的能量，让双方之间更亲近、真诚地沟通。一位诗人曾经这样写道：“你需要的话，可以拿走我的面包，可以拿走我的空气，可是别把你的微笑拿走。因为生活需要微笑，也正因为有了微笑，生活便有了生气。”

的确，生活离不开微笑，销售也离不开微笑。我国有许多关于笑的俗语：“非笑莫开店。”“面带三分笑，生意跑不掉。”这都是在告诉我们，做生意的人要经常面带笑容，才会讨人喜欢，招徕客户、赢得生意。所以，要想做一个好的销售人员，你要永远谨记：你虽然无法控制你的长相，但你能控制你的笑容。

有一次，底特律的哥堡大厅举行了一场巨大的汽艇展览，人们争相参观。在展览会上人们可以选购各种船只，从小帆船到豪华的巡洋舰应有尽有。在这期间，有一宗巨大的生意被第一家汽艇厂错过了，但第二家汽艇厂用微笑又把顾客拉了回来。

一位来自中东某一产油国的富翁，站在一艘展览的大船面前，对站在他面前的推销员说："我想买艘价值2000万美元的汽船。"当然，这对推销员来说是天大的好事。可是，那位推销员只是愣愣地看着这位顾客，以为他是疯子，不予理会，他认为这位富翁在浪费他的宝贵时间，看着推销员那没有笑容的脸，富翁便走开了。

富翁继续参观，到了下一艘陈列的船前，这次招待他的是一位热情的推销员。这位推销员脸上挂满了亲切的微笑，那微笑就跟太阳一样灿烂，使这位富翁感到非常愉快。于是他又一次说："我想买艘价值2000万美元的汽船。"

"没问题！"这位推销员说，他的脸上挂着微笑，"我会为你介绍我们的汽船系列。"随后，便推销了他的产品。

在相中一艘汽船后，这位富翁签了一张500万美元的支票作为订金，并且他又对这位推销员说："我喜欢人们表现出一种对我非常有兴趣的样子，你现在已经用微笑向我推销了你自己。在这次展览会上，你是唯一让我感到我是受欢迎的人。明天我会带一张1500万美元的保付支票回来。"言出必行，第二天他果真带了一张保付支票，购下了价值2000万美元的汽船。

这位热情的推销员用微笑把自己推销出去了，并且连带着推销了他的汽船。据说，在那笔生意中，他可以得到20%的利润，这可以让他少干半辈子活。而那位冷冰冰的推销员，则让自己与好运擦身而过。

从上面的事例可以看出，当客户来消费时，他肯定不愿意看到销售员愁眉苦脸的样子；而如果销售员能真诚地对客户微笑，就可能感染客户，扭转整个局面。因此，你若从事销售这个特殊的职业，一定要学会露出受人欢迎的微笑才行。

"推销之神"原一平曾经为自己的矮小而懊恼不已，他不止一次地仰天长叹："老天爷对我真不公平！"但是，矮个子是铁的事实，想隐瞒也隐瞒不了，想改也改不掉。就在原一平加入明治保险公司不久，与原一平个子相差无几的高木金次先生召见了原一平。高木先生曾留过洋，在美国专攻过推销，他的身材比原一平略高而已，他的健康也欠佳，所以，瘦瘦弱弱的，若只看外表的话，他和原一平差不多。他凝视着原一平，静静地说："原老弟，个子高大、体格魁梧的人，先是外表就显得威风凛凛，因此，访问客户时也容易让对方产生好印象。我想，我们个子矮小的人首先必须以表情制胜，特别要重视笑容满面，务必显出发自肺腑的笑容。"他的脸上立即浮现了笑容，那是一种浑身都在笑的笑容，是纯真感人的笑容，这笑容使原一平茅塞顿开。

自此以后，原一平着手训练笑容，他不停地对着镜子练习。由于一心一意想着练习笑容的事，走在马路上，他往往会不自觉地露出笑脸，有时甚至会笑出声来。他练习笑容就跟着了魔似的，他的邻居们见他一人常常独自笑出声来，还怀疑他精神不正常呢。

婴儿的笑容，说多美就有多美。他们的笑容纯真得令人心旷神怡，令人愉悦。婴儿之多，无以计数，但谁看过他们挖苦的、蔑视的、龌龊的、邪气的笑？婴儿的笑容之所以美丽诱人，是因为以鼻梁为中心线时，他们脸上左右的表情相同之故。所以，我们成年人在推销时必须拥有左右均匀的、天真无邪的美丽笑容，即婴儿般的笑容。当大人露出接近婴儿的那种笑容，那才是发自内心的笑，这种笑容会使初见的人如沐春风，它会使对方自然地展露笑容。

原一平自豪地说："如今，我认为自己的笑容与婴儿的笑容已经相差无几。" 原一平的笑被誉为"价值百万美金的笑容"，30岁时，他创下了全日本第一的推销业绩，此后屡创令人惊异的纪录。与其他同行相比，没人能与之相提并论。

我们都知道，要完成一笔销售订单所必须具备的因素有很多，但铁一般的事实已经证明了，一个没有微笑的销售员，是绝对不可能成功地完成销售的。"世界上伟大的推销员"乔·吉拉德曾说："当你笑时，整个世界都在笑，一脸苦瓜相没有人理你。"由此可见，微笑对销售员来说作用巨大，因为微笑如同直通人心的世界语言，它能深深地打动每一颗冷漠的心灵，并创造出无数的奇迹！

"欢迎"客户的抱怨并妥善处理

在与客户的沟通过程中，我们经常会听到客户的抱怨，如价格高、质量差、服务不到位等。客户的这种抱怨是客户不满意的一种表现，而销售人员只有重视客户满意度，才能创造更多的客户价值，获得立足市场的资本。经调查发现，一个不满意的客户往往平均会向九个人叙述不愉快的购物经历，可见，对客户抱怨的管理至关重要，如果处理不好，我们将失去众多的客户群，甚至葬送辛辛苦苦建立起来的渠道。正确对待并处理客户的抱怨，是销售工作的一项重要内容。

有一位顾客从商店买了一套衣服，但是这套衣服令他很不满意：衣服会掉色，把他的衬衣的领子染上了色。他拿着这件衣服来到商店，找到卖这件衣服的售货员，试图说明事情的经过。但售货员很不耐烦地打断了他的话。

“我们卖了几千套这样的衣服，”售货员声明说，“您是第一个找上门来抱怨衣服质量不好的人。”他的语气似乎在说：“您在撒谎，您想诬赖我们。看我不给你点颜色看看。”

两个人吵得正凶的时候，第二个售货员走了进来，说：“所有深色衣服开始穿时都会褪色，一点办法都没有，特别是这种价钱的衣服都是会褪色的。”

这位顾客听了非常气愤，因为他觉得第一个售货员怀疑他是否诚实，第二个售货员说他买的是低价货。此时，他气急败坏，正准备与两个售货员大干一场的时候，商店的经理出来了。他的做法改变了顾客的情绪，使一个被激怒的顾客变成了满意的顾客。

实际上，那位经理一句话也没讲，只是耐心地倾听顾客述说这件事情。当听顾客把话讲完后，那两个售货员又开始陈述他们的观点时，经理开始反驳他们，帮顾客说话。他不仅指出了顾客的领子确实是因衣服褪色而弄脏的，而且还强调说商店不应当出售使顾客不满意的商品。后来，他承认他不知道这套衣服为什么出毛病，并且直接对顾客说："您想怎么处理？我一定遵照您说的办。"

几分钟前还在发怒的顾客现在却回答说："我想听听您的意见。我想知道，这套衣服以后还会不会再染脏领子，能否再想点什么办法。"经理建议他再穿一星期，如果还是褪色，不能满意，将帮他再换一套衣服。

就这样，这位顾客满意地离开了商店。七天后，衣服不再掉色了。从此以后，他完全相信这家商店了。

态度决定一切。在处理客户的抱怨时，销售人员首先要有良好的心态，这是处理好客户抱怨的前提。然而当抱怨真正发生时，面对客户的情绪化表现，真正让销售人员保持一种平和的心态去体谅客户的心情、去对待客户的过激行为其实不容易，这就要求销售人员树立正确的人生观、坚强的意志力、一定的忍耐力和自我牺牲的精神，倾听客户的阐述，避免言语上的冲突，以平息客户的抱怨。

以下是妥善处理客户抱怨的几个原则：

1. 及时了解客户抱怨的原因

客户的满意度可以从三个方面来体现，即产品和服务的质量、客户的期望值、服务人员的态度与方式。既然客户抱怨是对产品不满意的表现，那么，抱怨的原因也就可以说是因为这三个方面出现了问题。

（1）产品或服务质量出现问题。这一问题是最为直接的，如产品本身存在问题，质量没有达到规定的标准；产品的包装出现问题，导致产品损坏；产品出现小毛病；客户没有按照说明操作而导致出现故障，等等。这些是客户抱怨的最主要原因。

（2）客户对于产品或服务的期望值过高。客户往往会将他们所要的或期望的东西与他们正在购买或享受的东西进行对比，以此评价购买的价值。一般情况下，客户的期望值越大，购买产品的欲望相对就越大。但当客户的期望值过高时，客户的满意度就变小，容易对产品产生抱怨。因此，销售人员应该使产品或服务适度地满足客户的期望。

（3）服务态度和方式问题。当销售人员为客户提供产品和服务时，如果缺乏正确的推销技巧和工作态度，都将导致客户不满，容易使客户产生抱怨。

2. 如何看待客户的抱怨

当客户对产品或服务产生抱怨时，很多销售人员都采取了积极有效的措施进行处理。那么，如何看待客户的抱怨呢？怎样处理这些抱怨呢？

对于客户的抱怨，销售人员一定要加以重视。客户抱怨不仅可以增进销售人员与客户之间的沟通，而且可以诊断产品企业内部经营与管理所存在的问题。所以，当客户投诉或抱怨时，不要忽略任何一个问题，因为每个问题都可能有一些深层次的原因。正确对待客户的投诉与抱怨有可能帮助销售人员发现需要改进的地方，这一点可以这样理解：客户的不满中蕴含着商机，客户的不满是创新的源泉，客户的不满可使服务更完善。

在美国迪斯尼乐园有一个醒目的大牌子：10岁以下儿童不能参加太空穿梭游戏。不过，来迪斯尼乐园游玩的游客中，有的虽带着10岁以下的孩子，但由于兴奋而往往会忽略这一标牌，以至于有时候排了好长时间的队，到最后却不能游玩。

此时的游客一定会感到非常遗憾。为此，迪斯尼乐园的服务人员往往会亲切地上前询问孩子的姓名，然后拿出一张印制精美的卡片，在上面写上孩子的姓名，告诉孩子，欢迎他到符合年龄的时候再来玩这个游戏，到时拿着这张卡片就不用排队了，因为在他没到年龄的时候已经排过队了。于是游客原来的沮丧马上不见了，并且还能心情愉快地离去。一张卡片不仅平息了顾客的不满，还为迪斯尼乐园拉到了一个忠诚的顾客。

对此，市场营销学家认为，当客户对产品或服务感到不满意时，通常会有两种表现，一是显性不满，即客户直接将不满表达出来；二是隐性不满，即客户不说，但以后可能再也不来消费了。销售人员对显性不满往往会重视和积极处理，对隐性不满却疏于防范。据调查显示，隐性不满占到了客户不满意的70%。因此，我们应该对隐性不满多加注意，感知客户表情、神态、行为举止，以分析客户抱怨的原因，做到未雨绸缪。

所以，销售人员对于客户的抱怨应该及时、正确地处理。拖延时间，只会使客户的抱怨变得越来越强烈，使客户感到自己没有受到足够的重视，可能会使小事变大，甚至殃及企业的生存；而处理得当，客户的不满则会变成满意，客户对商品的忠诚度也会得到进一步提升。

此外，对于客户的抱怨与解决情况，销售人员应做好记录，并且定期总结。在处理客户抱怨的过程中，如果发现客户不满意的是产品的质量，那么销售人员应该及时通知制造商；如果是服务态度与技巧问题，那么销售人员应该向管理部门提出，以加强销售人员的教育与培训。

3. 处理抱怨的技巧

在处理客户的抱怨时，销售人员除了要依据一般程序外，还要注意与客户保持沟通，改善与客户的关系。销售人员掌握实用的小技巧，有利于缩小与客户之间的距离，赢得客户的谅解与支持。

（1）心态平和。销售人员对于客户的抱怨要有平常心态。客户抱怨时常常都带有情绪或者比较冲动，这时，销售人员应该体谅客户的心情，以平常心对待客户的过激行为，不要把个人的情绪变化带到对客户抱怨的处理之中。

（2）认真倾听。大部分情况下，抱怨的客户需要忠实的听者，喋喋不休的解释只会使客户的情绪更差。面对客户的抱怨，销售人员应掌握好聆听的技巧，从客户的抱怨中找出客户对于抱怨所期望的结果。

（3）转换角色。在处理客户的抱怨时，销售人员应站在客户的立场思考问题："假设自己遭遇客户的情形，将会怎样做呢？"这样就能体会到客户的真正感受，找到有效的方法来解决问题。

（4）保持微笑。满怀怨气的客户在面对如春风般温暖的微笑时会不自觉地减少怨气，与销售人员友好合作，此时可以达到双方满意的结果。

（5）积极运用肢体语言。在倾听客户的抱怨时，销售人员要积极运用肢体语言进行沟通，促进对客户的了解。比如，用眼神关注客户，使他感觉到受到重视；在客户抱怨的过程中，不时点头，表示肯定与支持。这些措施都能鼓励客户表达自己真实的意愿，并且让客户感到自己受到了重视。

人无完人，尽量包容你的客户

在销售过程中，难免会出现一些不理解和误会，只要销售人员具备包容心，就会使双方将误会消除，将销售过程中的所谓利益争夺战转化成轻松的交谈，在和谐的气氛中完成交易。

客户的性格不同，人生观、世界观、价值观也不同。即使这个客户在生活中不可能成为你的朋友，但在工作中他是你的客户，你甚至要比对待朋友还要真诚地去对待他，因为这就是你的工作。所以说，销售人员要有很强的包容心，包容别人的一些挑剔，包容别人的一些意见。

不管客户如何抱怨、挑剔、指责，我们都要包容和接受客户的建议。我们不怕客户有建议，我们最怕的就是客户不提建议，因为客户不提建议，只能说明他们根本就不关心我们工作的好坏，不关心我们产品的好坏。如果客户不理我们，那么我们的企业就离倒闭不远了，销售人员离失业就不远了。只有客户对我们寄托希望，充满信心，才会不断地提出宝贵的建议，让我们做得更好。所以我们要真诚地对待客户、包容客户，感谢客户，理解客户的良苦用心。

一位新上任的商场经理，对连续三个月销售排名第一的一位销售人员感到非常不解。据好多人讲，这位女销售人员其貌不扬，也不善于言谈，可她铺位的鞋销售得非常好，销售额已经连续三个月在40个铺位中蝉联第一。全商场都是鞋，一个既不善于言谈，也不非常漂亮的销售小姐，顾客为何垂青于她?

对于这个疑问，经理想弄个明白。于是，他前去观察。看后，终于明白了其中的道理：这位女销售人员主要经营女士的鞋，女士买鞋总是喜欢试来试去，这位销售人员不仅不烦，还建议顾客再多试几双。“没关系，多试几款，总有一款适合你！”面对顾客的挑剔——颜色不好、款式难看、做工粗糙，她总是面带微笑说：“要不再试一试这双？”所以，顾客一直试下去，直到满意为止。即使顾客试了几双，确实没有合适的，表示不买，这位销售人员还会面带微笑说：“没关系，欢迎下次再来！”

而其他铺位的销售人员在顾客试过三款之后就非常不耐烦了，要么开始极力推销，要么表示出不耐烦：“就这几款，只是颜色不同。”要么就是：“您最好快点，我那还有顾客呢！”要么就是：“这个价格，还能有多好的做工，有做工好的，价格高，你要吗？”作为顾客，谁不想物美价廉，你说价格高顾客会要吗?

正是凭借着这种对顾客的包容，这位销售人员才赢得了顾客，实现了良好的销售业绩。

大千世界，无奇不有，什么样类型的客户都有。但是客户是上帝，上帝有挑剔和选择的权利。有时候上帝的脾气古怪，有时候做事不可理喻，但他是上帝，所以有这样的权力。你做的事情不是去埋怨上帝为什么这么不通人情，你需要做的是用自己的技巧去赢得上帝的欢心。

有一位名叫克鲁斯的保险销售员，下面是他的一次经历：

有一位客户在购买了克鲁斯的一份意外伤害保险后，忘记了取回一张非常重要的单据。而克鲁斯在交给这位客户一沓材料的时候，已经把所有的单据都帮他整理好了，可能是这位客户在克鲁斯的办公室看完后遗漏了。于是，这张重要的单据就隐藏在克鲁斯存有一堆客户资料的文件夹里，之后被束之高阁了。

三个月之后的一天，这位客户在外出旅游时不慎摔伤，当他找到保险公司要求赔偿的时候，保险公司要他提供两张证明，否则不予赔偿，其中就有他遗忘的那张单据。

其实，在这种情况下，克鲁斯没有任何责任，他也不知道那张要命的单据就在他这里。当那位客户找到克鲁斯的时候，克鲁斯迅速和他一起寻找那张单据，他帮助客户仔细地回忆了存放单据的每一个细节，但始终找不出单据的下落。

后来，克鲁斯把存放客户资料的文件夹取出进行查找，当客户看到那张单据的时候，埋怨他不负责任，而克鲁斯却真诚地说："真对不起，是我工作的失职，没有提醒您取走这张重要的单据，差点就耽误了您的事情。"

经过了这件事情以后，克鲁斯不但没有失去这位客户，反而赢得了这位客户的信任。后来，他还为克鲁斯介绍了很多的客户。

就这件事情本身而言，显然客户是错的，是客户自己忘记拿走那张重要的单据，克鲁斯可以理直气壮地说明情况，如果这样做，能说克鲁斯错了吗？但他并没有这样做，在为客户找单据的同时，他甚至将客户的错误主动地揽到自己的身上。试想，客户错了的时候你据理力争，把客户说得哑口无言，即便客户认识到是自己的错误，心里会舒服吗？客户心中不悦便不会再来，其结果是你做得再对，最终失去的是客户，与销售的最终目的——通过创造客户获得经济效益是相悖的；相反，如果你抱着宽容的态度，抱着“客户永远是对的”这样一种理念，以理解的方式处理客户遇到的所有问题，甚至主动把责任揽过来，达到让每一位客户满意的目的，那么与销售的最终目标是一致的。

销售工作是为客户提供服务、满足客户需求的，这就要求销售人员用包容的心态去接纳客户，并且及时提供解决方案。只要销售人员宽容待人，就会和客户少一些阻碍，多一些理解，最终也就会多了一些成交的机会。

记住客户的名字，赢得客户好感

在销售的过程中，记住客户的名字很重要。只要销售人员能够记牢客户的姓名，就可以快速拉近彼此的距离，使客户对你产生良好印象。

俗话说：人过留名，雁过留声。姓名是人的标志，人们出于自尊，总是最珍爱它，同时也希望别人能尊重它。美国总统罗斯福说过：“交际中，最明显、最简单、最重要、最能得到好感的方法，就是记住人家的名字。”踏入社会和人交往的第一秘诀就是记住他人的名字，因为记住他人的名字，是尊重一个人的开始，也是与人有效沟通的第一步。

一位销售员急匆匆地走进一家公司，找到经理室敲门后进屋。“您好，罗杰先生，我叫约翰，是××打印机公司的销售员。”

“约翰，你找错了人吧。我是史密斯，不是罗杰！”

“噢，真对不起，我可能记错了，我想向您介绍一下我们公司新推出的彩色打印机。”

“我们现在还用不着彩色打印机。”

“原来是这样。不过，我们有别的型号的打印机。这是产品资料，”约翰将资料放在桌上，“这些请您看一下，上面有很详细的介绍。”

“抱歉，我对这些不感兴趣。”史密斯说完，双手一摊，示意约翰走人。

可见，记住别人的名字是非常重要的，而忘记别人尤其是客户的名字则是无礼的。

准确地记住客户的名字在销售活动中具有至关重要的作用。善于记住客户的姓名是一种礼貌，也是一种感情投资，在销售中会起到意想不到的效果。美国一位学者曾经说过：“一种既简单但又最重要的获得好感的方法，就是牢记别人的姓名，并且在下一次见面时喊出他的姓名。”名字作为每个人特有的标识，是非常重要的。对一个人来说，自己的名字是世界上听起来最亲切和最重要的声音。牢记一个人的姓名不但是你获得友谊、达成交易、得到新的合作伙伴的通行证，而且能立即产生其他效果。

推销员希得·李维曾经遇到一个名字非常难念的顾客，他叫尼古玛斯·帕帕都拉斯，别人因为记不住他的名字，通常都只叫他“尼古”。而李维在拜访他之前，特别用心地反复练习了几遍他的名字。当李维见了这位先生以后，面带微笑地说：“早安，尼古玛斯·帕帕都拉斯先生。”

“尼古”简直是目瞪口呆了。过了几分钟，他都没有搭话。最后，他热泪盈眶地说：“李维先生，我在这个小镇生活了35年，从来没有一个人试着用我的真正的名字来这么称呼我。”当然，尼古玛斯·帕帕都拉斯成了李维的顾客。

由此可见，记住客户的名字是极为重要的。这既表现出了你对客户的重视，同时，也让客户感到你的亲切，如此一来，对你的好感也就油然而生。只要抓住了对方的这一心理特征，你就会轻松地赢得销售的第一回合了。

吉姆·佛雷10岁那年，父亲因意外丧生，留下他和母亲及另外两个弟弟。由于家境贫寒，他不得不很早就辍学，到砖厂打工赚钱贴补家用。他虽然学历有限，却凭着爱尔兰人特有的热情和坦率，处处受人欢迎，进而转入政坛。最叫人佩服的是他还有一种非凡的记人本领，任何认识过的人，他都能牢牢记着对方的全名，而且一字不差。

他连高中都没读过，但在他46岁那年就已有四所大学颁给他荣誉学位，并且他高居民主党要职，最后还担任邮政部长之职。

有一次有记者问起他成功之秘诀。他说：“辛勤工作，就这么简单。”记者有些疑惑，说道：“你别开玩笑了！”

他反问道：“那你认为我成功的原因是什么？”

记者说："听说你可以一字不差地叫出一万个朋友的名字。"

"不。你错了！"他立即回答道，"我能叫得出名字的人，少说也有五万人。"

这就是吉姆·佛雷的过人之处。每当他刚认识一个人时，他定会先弄清对方的全名、家庭状况、所从事的工作，以及对方的政治立场，然后据此先对对方建立一个概略的印象。当他下一次再见到这个人时，不管隔了多少年，他一定仍能迎上前去在他肩上拍拍，嘘寒问暖一番，或者问问他的老婆孩子，或是问问他最近的工作情形。有这份本领，也难怪别人会觉得他平易近人，和善可亲。

世界上天生就能记住别人的名字的人并不多见，大多数人能做到这一点全靠有意培养形成的好习惯。而销售人员一旦养成了这个好习惯，就能在销售活动中占有很多优势。

要牢记客户的名字，可参考下面四种方法：

1. 用心听、记

销售人员应该把准确记住客户的姓名和职务当成一件非常重要的事，每当认识新客户时，一方面要用心注意听其介绍自己，一方面要牢牢将其所说记住。若听不清对方的大名，可以请其再重复一遍。如果还不确定，那就请其示范如何拼写。切记，每一个人对自己名字的重视程度绝对超出你的想象，客户更是如此。记错了客户名字和职务的销售人员，很少能获得客户的好感。

2. 用笔辅助记忆

在得到客户的名片之后，你可以把他的爱好、专长、生日等信息写在名片背后，以帮助记忆。若能配合照片另制资料卡更好。不要一味依赖自己的记忆力，万一出错，则得不偿失。

3．不断重复，加强记忆

几乎每个销售人员都有过这样的情况：当客户告诉你他的名字后，不一会儿你就把这个人的名字忘记了。这个时候，你需要在心中将其名字多重复几遍，才会记牢。因此，在与客户初次谈话时，你可以尽量多叫几次对方的名字。如果对方的姓名或职务少见或奇特，不妨请教其写法与取名的原委，这样更能加深印象。

4．运用有趣的联想

联想是一种有趣的记忆名字的方式。销售人员可以根据客户的个性特征、名字谐音等，产生联想，以帮助自己记忆。联想有助于销售人员对客户的名字留下深刻记忆。很多时候我们看到现实生活中的一个特定的场景就会想起小时候的经历，联想在这其中功不可没。

销售人员可以运用谐音帮助记忆。比如：如果一个客户的名字叫“严婉庄”，销售人员可以倒过来记忆为“装碗盐”，这样马上就能把这个客户的名字记住了，但是销售员千万要注意，在见到客户的时候千万不可以用“装碗盐”称呼客户。

总之，姓名是世界上最美妙的字眼，每个人都十分看重自己的姓名。记住别人的姓名，并真诚地叫响别人的姓名，它意味着我们对别人的接纳，对别人的尊重，对别人的真诚，对别人的关注。

注入情感，捕获客户的“芳心”

在感性销售时代，“情感”是贯穿销售全过程、突显出决定性作用的因素。消费者选择商品或品牌的准则不再是“好”或“不好”这一理性观念，而是基于“喜欢”或“不喜欢”的情感态度观念。正如麦当劳的广告语“我就喜欢！”

过去，我们将“销售”的主体和对象都定义为“经济人”，认为他们在一定的经济利益刺激下会做出理智的行为，在决策前都会衡量成本和收益。如今，我们应学会从“情感人”的角度进行剖析和探讨，因为“人比点钱机器复杂”，其爱恨情仇、喜怒哀乐很难用固定的公式加以分析，理智在情感面前往往站不住脚。因此，引导消费者，让消费者的大脑里构造出某些好的感情已经成为销售的新手段。

美国销售大王乔·坎多尔福说：“销售工作98%是感情工作，2%是对产品的了解。”在销售过程中，感情纽带是连接成功的桥梁，许多问题也是在感情的升华中得以解决的。

俗话说：“感情好，生意俏；感情凉，生意黄。”优秀的销售人员非常清楚，若不与客户“热乎”一下，聊聊生活，谈谈感情，把心理距离拉近，成功之门必然远离自己。

在销售中，人是“理性的卫道士”，同时也是“情感的俘虏”。当产品成为消费者的情感附庸，就不能单纯用金钱来衡量其价值。此时此刻，消费者就会只关注产品的情感价值，而忽视产品的物理价格。

其实，销售是销售人员与消费者“谈恋爱”的过程。销售工作的关键点就是赋予产品鲜活的生命力，把产品变成消费者的恋人，让消费者与产品建立情感联系，进而爱上品牌。

客户在购买产品的时候，不仅要求产品具有实用功能，更要求产品具有能够满足自身情感需求的属性。消费者对某种品牌产生了感情，就会在潜意识里对该品牌的系列产品产生好感。这种好感一旦形成，就会让消费者产生重复购买、价格敏感度降低等现象，并产生信赖、忠诚等一系列的连锁行为和情感反应。

“情人眼里出西施”也会体现在消费者与产品的关系上，当产品和品牌成为人的情感的载体，就变得珍贵无比了。

在1938年之前，美国公众对于军火巨头杜邦公司绝无好感而言，而这种冰冷生硬的形象随着第一根人造纤维——尼龙的问世，彻底地被打破了。杜邦公司把尼龙制成尼龙丝袜，全美国的女性看到广告之后，便蜂拥至百货公司和零售店，仅仅一年，就卖出尼龙袜子6400万双，超过了当时美国成年女性的总人数，而当时一双长筒丝袜的价格相当于一只昂贵的手表。

为什么女性消费者集体对之趋之若鹜呢？为什么一向文质彬彬的淑女会当街展示自己穿上丝袜的美腿而置女性的矜持于不顾呢？为什么这种穿着并不舒适的尼龙丝袜能够卖到如此之高的价格呢？答案是女性顾客们并不是买丝袜，而是购买对自身细节之处的贴身呵护，购买的是女性朋友的羡慕眼神，购买的是跻身主流时尚圈子的入场券，

购买的是一个性感的自我形象……

杜邦公司为尼龙丝袜产品添加了必要的情感因素，使丝袜被女人抢购，成为她们眼中增添自身性感魅力和吸引男人关注的独门暗器。

你销售的是什么并不重要，消费者认为你卖的是什么才更重要。

有些产品的物质形态本身的价值要远远低于其售价，高出价值的那部分价格是因为其添加了情感因素，情感让商品产生了溢价。

很多人都看过《血钻》这部电影，但有几个新娘会撩开“钻石恒久远，一颗永流传”这个温情脉脉的情感面纱，关注到背后的冰冷冷的矿业垄断和血淋淋的商业争斗呢?

销售与谈恋爱颇多共通之处：锁定消费者就是确定追求目标；锁定目标之后要通过自身差异化、个性化的“卖点”来吸引目标消费者眼球；要整合渠道资源、借助销售手段来集中推广，促销手段要有诱惑力，这样才能促成消费者与产品的“联姻”；在“结婚之后”也不可以怠慢，售后服务要使消费者满意，形成品牌忠诚，以防“第三者”插足……

情感是销售过程中的润滑剂，是强化销售人员与客户关系的不可或缺的“玫瑰”，情感比理性本身更容易赢取消费者的“芳心”。

以诚待人，营造吸引客户的“强磁场”

有时候，口才固然很重要，但真诚也同样不能被忽视。孔子曾经说过：“巧言令色，鲜矣仁。”如果一个人长于辞令，可是表现得却过于“油嘴滑舌”，那么他说得再好也不会受到别人的重视，因为在旁人眼中，这个口才出众的人没一句真话，不值得信赖。所以说，要想在语言上征服别人，首先必须要让别人对你的话充分信任，如果做不到这一点的话，你就是说得天花乱坠，也不会有丝毫效果。

人与人交谈，贵在真诚。有诗云：“功成理定何神速，速在推心置人腹。”只要你与人交流时能捧出一颗恳切至诚的心，一颗火热滚烫的心，怎能不赢得别人的信任。

松下电器公司还是一家乡下小工厂时，作为领导，松下幸之助亲自出马推销产品。当碰到杀价高手时，他就坦诚地说：“我的工厂是家小工厂。炎炎夏天，工人在炽热的铁板上加工、制作产品。大家汗流浃背，却努力工作，好不容易制出了产品，依照正常的利润计算方法应当是每件XX元承购。”对手一直盯着他的脸，听他叙述。听完之后开怀大笑说：“卖方在讨价还价的时候，总会说出种种不同的话，但你说得很不一样，句句都在情理之上。好吧，我就照你说的买下来好了。"

松下幸之助的成功，在于真诚的说话态度。唯有真诚之心才能打动人心。只有以真诚之心对待他人，我们才能获得他人的信任，建立良好、和谐的关系。

真诚，不论对说话者还是对听话者来说，都非常重要。若不真诚待人，等于欺人、愚人；若轻信他人不实之词，可能会耽误大事，造成不良后果。

说话的魅力并不在于你说得多么流畅、滔滔不绝，而在于你是否善于表达真诚。最能推销产品的人并不一定是口若悬河的人，而是善于表达真诚的人。当你用得体的话语表达出真诚时，你就赢得了对方的信任，建立起了人际信赖关系，对方也就可能由信赖你这个人而喜欢你说的话。

日本企业家小池先生出身贫寒，20岁时在一家机械公司担任销售员。有一段时间，他推销机械非常顺利，半个月内就达成了25位客户订单的业绩。

可是有一天，他突然发现自己所卖的这种机械，要比别家公司生产的同性能机械贵了一些。

他想："如果让客户知道了，一定会以为我在欺骗他们，甚至可能会对我的信誉产生怀疑。"

深感不安的小池立即带着合约书和订单，逐家拜访客户，如实地向客户说明情况，并请客户重新考虑是否还要继续与自己合作。

这样的行为，使他的客户大受感动，不但没有人取消订单，反而为他带来了良好的商业信誉，大家都认为他是一个值得信赖且诚实的销售员。结果，25位客户中不但无人解约，反而又替小池介绍了更多的新客户。

由此可见，说话真诚的人，能得到别人的信任。只有把你的真诚注入销售之中，把你的心意传递给对方，当听者感受到你的诚意时，他才会打开心门，接收你讲的内容，你们才能实现沟通和共鸣。

真诚的语言，不论对说话者还是对听话者来说，都至关重要。

拳王阿里因为年轻时不善于言辞而影响了人们对他的印象。一次，阿里参赛时膝盖受伤，观众大失所望，对他的印象更加不好了。当时阿里并没有拖延时间，而是要求立即停止比赛。阿里对此解释说："膝盖的伤还不至于到影响比赛的程度，但为了不影响观众看比赛的兴致，我请求停赛。"在这之前，阿里并不是一个多有人缘的人，但是由于他对这件事的诚恳解释，使观众开始对他产生好的印象。他为了顾全大局而请求比赛暂停的真诚，是在替观众着想，由此也深深地感动了观众。

成功说服表现在如何打动人心上。阿里以一句发自内心的真诚之语挽回了观众对自己的不良印象，也换来了观众对他的支持与喜爱，可谓一字千金。销售也是如此。

一个销售人员能成功，很多时候并不在于他能滔滔不绝地吹嘘自己，而在于他能为客户着想，关心客户的利益，用真诚换来客户的信任。

其实，在这个世界上并没有绝对的正确和绝对的错误，有的只是一个人所站的立场不同。只要你认为对，这个世界就是对的。因此在与客户交谈的过程中，销售人员要经常站在客户的立场去为他说几句话，经常主动地去理解客户，真诚地认同客户的话。即使客户的观点有点不符合事实，销售人员也不要仅凭自己的主观意见就去指责或说客户的不是。只有当我们真诚地关注客户时，我们才能获得客户的关注，客户也会为你的真诚话语所打动，从而愿意购买你的产品。

好的开场白，从一开始就打动人心

“万事开头难”，销售人员与客户的接触，最难的就是开篇一席话。因为在这种情况下，销售人员既要创造良好的推销气氛，又要尽可能多地了解对方，洞察对方的内心世界，有针对性地开展推销活动，这实在是交际中的难点。

能引起客户注意的开场白，就像是卖报人卖报时所说的话那样。我们不妨设想一下，你现在正在一个公交车站等车，一位卖报人走过来对着等车的人高喊：“卖报！卖报！一块钱一份！”同样的情境，另外一位卖报人走了过来，也对着等车的人高喊：“卖报！卖报！恐怖分子称将发动大规模恐怖袭击！中国足球再遭惨败，主教练面临下课危机！最新台风明天登陆本省，中心风力可达12级！”对比一下两位卖同样报纸的卖报人，最终的结果会有什么样的差别？显然，后面的那位卖报人，通过具有诱惑力的语言，成功地吊起了等车人的胃口，激发了他们的兴趣，自然会有比较好的销售业绩。

因此，开场白的好坏，可以决定你这次销售是成功还是失败。换句话说，好的开场白就是销售成功的一半。许多客户在听销售人员说第一句话的时候要比听后面的话认真得多，听完第一句话，大多数客户就自觉或不自觉地决定了是尽快打发销售人员走开还是准备继续谈下去。因此，销售人员要说好开场白，才能迅速引起客户的注意力，并保证销售顺利进行下去。

优秀销售人员常用以下几种开场白来招揽客户。

1. 以金钱为“诱饵”

一谈到有关金钱的话题，几乎所有的人都会对它感兴趣，也就是说省钱和赚钱的方法是很容易引起客户兴趣的。

“孙经理，我是来告诉你可以让贵公司节省一半电费的方法的。”

“张厂长，我们已经做过实验了，我们的机器要比你目前所使用的机器速度快得多，耗电也少好多，同时它的精确度更高，总之能够降低你的生产成本。”

“李经理，你愿意每年在服装生产上节约10万元吗？”

2. 将很有影响力的第三人推出来

比如，你可以告诉客户，是他的某位亲友要你来的。其实，这也是一种迂回战术，因为每个人都有“不看僧面看佛面”的心理，所以大多数人对亲友介绍来的销售员都是很客气的。

“何经理，您的好友莉莉要我来找您，她认为您可能会对我们的这套财务软件感兴趣。因为，这套财务软件能给您带来很多便利之处。”

销售人员打着别人的旗号来推销自己的产品，虽然很管用，但也要注意，一定要确有其人，绝不可自己杜撰，否则，客户一旦核查起来，你就会露出马脚。当然，为了取信客户，你若能够出示引荐人的名片或介绍信的话，起到的效果会更佳。

3. 适当的时候以一些著名的公司或人物为例

在很多时候，人们的购买行为常常会受到他人的影响，因此作为一名销售人员，如果能把握和利用好客户的这种心理的话，一定可以收到意想不到的效果。

“李经理，由于升腾公司的余经理采纳了我们的建议，公司的营业状况已经大有起色。”

要知道，通过举一些著名的公司或人为例，是可以壮自己的声势的，特别是，如果你举的例子，正好是客户所景仰或性质相同的企业时，效果就会更显著。

4. 利用产品

销售人员可以利用自己所推销的产品来引起客户的注意和兴趣。这种方法的最大特点就是可以让产品来自我介绍，用产品的魅力来吸引客户。

河北省某乡镇企业厂长张某把该厂生产的一些款式新颖、做工考究的皮鞋放到北京某商厦经理办公桌上时，经理不禁眼睛一亮，问：“哎呀，这是哪产的？多少钱一双？真是太好了。”

还有广州表壳厂的一个推销员到上海手表三厂去推销自己的产品，他提前准备好了一个产品箱，里面放上很多制作精美的新产品，进门后他没有什么话，就把箱子打开，一下子就吸引住了在场的人。

5. 学会向客户求教

就是销售员装不懂，向客户请教问题，以引起客户注意。此方法很适合那些好为人师，喜欢指导、教育别人，或者显示自己的人。

“王总，我知道您在计算机方面是公认的专家。这是我公司刚刚研制出来的新型电脑，请您多多指导，不知道在设计方面还存在什么问题没有。”

无论是谁在受到这番恭维后，都会接过计算机的资料随手翻翻，一旦被其先进的技术性能所吸引，推销便大功告成了。

6. 强调产品的与众不同

每一名销售人员都要有自己独特的推销方法与推销风格，因为只有这样才能不断地吸引更多客户的注意。

日本有一位做人寿保险的销售员，在他的名片上印有“76600”的数字。当客户接过他递过来的名片后，第一个反应就是感到奇怪，会问：“咦，这个数字是什么意思啊？”

这时，销售员就会反问道：“您知道自己一生中吃多少顿饭吗？”这个问题可以说没有一个客户能答得出来。

于是，销售员就会接着说：“是76600顿。假定退休年龄是55岁的话，再按照日本人的平均寿命来计算，到现在您还剩下19年的饭，即20805顿。”

这位聪明的销售员用一个新奇的名片吸引了客户的注意力。

7. 不可忽视赠品的魅力

要知道很多人都有贪小便宜的心理。所谓的赠品，其实就是利用人们的这种心理进行产品推销的。

当代世界权威的推销专家戈德曼博士曾强调过，在面对面推销中，如何说好第一句话，在整个推销过程中是十分重要的。这是因为客户听你的第一句话要比听以后的话认真得多。就在听完你说的第一句话后，许多客户就会决定是尽快打发销售人员走，还是继续谈下去。因此，销售人员要尽快地抓住客户的注意力，只有这样才能保证销售的顺利进行。

第五章 销售攻心术

——投其所好才能赢得客户认可

语言通俗易懂，让客户听得清楚明白

通俗易懂地说或者把话说得通俗易懂，乃是提升说话质量的重要途径，也只有如此才能达到说话的目的。如果你说的话别人都不能很好地理解或者不能记住，那你所说的就不能起到任何作用了。

有一个秀才去买柴，他对卖柴的人说："荷薪者过来！"卖柴的人听不懂"荷薪者"（担柴的人）三个字，但是听得懂"过来"两个字，于是把柴担到秀才前面。

秀才问他："其价如何？"卖柴的人听不太懂这句话，但是听得懂"价"这个字，于是就告诉秀才价钱。

秀才接着说："外实而内虚，烟多而焰少，请损之（你的木材外表是干的，里头却是湿的，燃烧起来，会浓烟多而火焰小，请减些价钱吧）。"卖柴的人因为听不懂秀才的话，于是担着柴就走了。

故事中秀才的生活环境和文化修养显然与卖柴人有很大的差异，而秀才在与卖柴人沟通的时候，却用了很多书面语言，这些语言完全与卖柴人的语言环境没有交集，因此，秀才每讲一句话都会让卖柴人费解半天，所以最后，双方的交易无果而终也就是顺理成章的了。

在销售过程中，我们也会遇到这样的事情。如果表达不清楚，语言不明白，客户听不懂你说的话，那么双方就可能会产生沟通障碍。

有一个采购员被委派为办公大楼采购大批的办公用品，结果在实际工作中碰到了一种过去从未想到的情况。首先使他大开眼界的是一个营销信件分报箱的营销员。这个采购员向他介绍了他们每天可能收到的信件的大概数量，并对信箱提出一些要求，这个营销员听后脸上露出了恍然大悟的神情，考虑片刻，便认定这个采购员最需要他们的CSI。

“什么是CSI？”采购员问。

“这个么，”他以凝滞的语调回答，内中还夹着几分悲叹，“这就是你们所需要的信箱。”

“它是纸板做的、金属做的，还是木头做的？”采购员问。

“噢，如果你们想用金属的，那就需要我们的FDX了，也可以为每一个FDX配上两个NCO。”

“我们有些打印件的信封会相当长。”采购员说明。

“那样的话，你们便需要用配有两个NCO的FDX转发普通信件，而用配有RIP的PLI转发打印件。”

这时采购员稍稍按捺了一下心中的怒火：“小伙子，你的话让我听起来十分荒唐。我要买的是办公用品，不是字母。如果你说的是希腊语或英语，我们的翻译或许还能听出点门道，弄清楚你们的产品的材料、规格、使用方法、容量、颜色和价格。”

“噢，”他开口说道，“我说的都是我们的产品序号。”

最后这个采购员运用律师盘问当事人的技巧，费了九牛二虎之力才慢慢从他嘴里搞明白他的各种信箱的规格、容量、材料、颜色和价格。

在销售过程中，很多销售人员也许因为习惯，也许因为想让别人觉得自己有才华，而过多地运用了一些专业术语。在听的人看来，他们不知道你在说什么，听不懂你的意思，就很容易让沟通陷入僵局。所以，如果我们一定要说一些专业术语，可以用简单的话语来进行转换，或者在专业术语后面加上解释，让人听后明明白白，才会达到有效沟通的目的。这也是值得销售人员特别注意的一点。

在生活中，不同的人往往有不同的年龄、教育和文化背景，这就可能使他们对相同的话产生不同的理解。另外，由于专业化分工不断深化，不同的人都有不同的“行话”和技术用语。如果你注意不到这种差别，以为自己说的话都能被其他人恰当地理解，就达不到有效沟通的目的。因此，销售人员应该选择人们易于理解的词汇，使信息更加清楚明确地传递给对方，使沟通更顺畅。

有一位医生在一个健康知识讲座上解释膈的时候是这样说的：“膈是这样一种东西，如果它被用来呼吸的话，将会明显地帮助肠子的蠕动，而这对你的健康有很大的好处。”结果没有一个人听懂他的话。于是，那位医生重新做了一番解释：

“膈实际上是一种非常薄的肌肉，它的位置在胸腔底部和腹腔顶部之间，它会随着胸腔和腹腔的呼吸而变化。当胸腔呼吸的时候，它会被压缩，就像一只倒置的洗刷盆；而当腹腔呼吸时，它就会被往下推，使它成为一个平面，而此时肠胃会受到挤压。而它的这种向下的推力，会按摩和刺激腹腔的上部器官，比如胃、肝、胰等。当人们呼气的时候，胃和肠又往上推压膈，这样的话，就相当于做第二次按摩。这种按摩有助于人体排泄。许多人的身体不舒服，主要是因为肠胃不适，而一旦我们的肠胃因为膈的按摩而得到适当的运动，那么大部分的不舒服都会消失。”这一次，大家都听懂了他的话。

通俗易懂的语言最容易被大众所接受。无论你的话多么动听、内容多么重要，沟通最起码的原则是对方能听得懂你的话。所以，在销售过程中，我们要多用通俗化的语句，要让对方听得懂。如果对方听不懂你的方言，你就尽量用普通话；如果对方不明白你讲的术语或名词，你就要转换成对方熟悉的、理解的语言，等等。

总之，用对方听得懂的语言进行沟通，是销售成功的保障。不要简单地认为所有人都和自己的认识、看法、高度是一致的，对待不同的人，销售人员要采取不同的模式，要用别人听得懂的语言进行沟通!

闭上嘴巴，有时听比说更重要

许多销售人员不愿倾听，自然无法与客户进行顺畅地沟通，进而会影响销售的效果。通过倾听，双方的思想可以互相渗透和融合，慢慢地凝聚力也就集聚起来，客户就会把内心的问题、想法、意见和要求毫无保留地向你倾诉。

在沟通过程中，如果一方一直滔滔不绝地高谈阔论，那么沟通的质量必然很差，因为这样的谈话已不是对话，而是像演讲或培训讲座一样，客户的感觉一定非常不好。你要试着成为一位倾听者，认真倾听客户的谈话，静下心来，定下心来，像个友好、积极、热情的恋人一样，像听取世界上最美妙的声音一样，倾听客户的所有意见和建议。只有这样，你才能从客户的言行举止中，冷静地去思考、了解并领悟客户所传达的信息。只有当你真正地了解了客户的想法时，你与客户之间的沟通才算真正开始。

张楚明是个能说会道的人，他对自己一向很有自信，但是自从从事销售工作以后，他反而变得不自信起来，因为无论他说得多么动听和感人，客户不但不为之所动，还断然拒绝了他的推销。为什么客户不购买他的商品呢？他自己百思不得其解，他觉得自己的商品质量很好，价格也很合理，自己又尽量把这些信息都传达给客户，没有什么不合理的地方，客户却选择拒绝，真是莫名其妙。

相比之下，其他同事的业绩却比自己好很多，于是张楚明便虚心地向同事请教，询问如何才能让客户接受自己的产品。同事问张楚明是如何进行推销的，张楚明把自己的销售方式叙述了一遍，同事说："这样的推销方式就是你失败的原因！"张楚明很纳闷："为什么啊？"

同事说："客户最重视的是自己，他们希望买到的是自己最喜欢的、最需要的商品，这样客户才会产生购买的欲望。所以你所提供的商品要围绕客户，要成为他们自己想要购买的，而不是你想卖给他们的。而你在推销商品的时候，只是一味地介绍产品的质量有多好，有多畅销，你注重的只是自己的商品，没有考虑客户的感觉，所以客户才会拒绝你的推销。"

张楚明点点头，知道了自己应该怎么做。在之后的销售中，张楚明再也不以自己为中心，而是尽量倾听客户的要求和需要，以及客户最需要的款式和档次，并仔细地为客户分析该产品能够带来的利益，以及什么样的选择最合算。结果很快就赢得了很多客户的青睐，销售业绩也突飞猛进。

倾听可以让你的销售工作变得轻松，最重要的是，能让你的订单来得更多、更快，能让你的客户更信任你。倾听是一种销售手段，更是一种个人的涵养。世界上的难事之一便是闭上嘴巴，假如你不张开耳朵，不适时地闭上嘴巴，你就会失去无数机会。尤其在销售时要切记：千万不要太忙于说话，要学会听话。

那么，销售人员如何学会更有效地倾听客户呢？

1．集中精力，专心倾听

这是有效倾听的基础，也是实现良好沟通的关键。要想做到这一点，销售人员应该在与客户沟通之前做好多方面的准备，如身体准备、心理准备、态度准备以及情绪准备等。疲惫的身体、无精打采的神态以及消极的情绪等都可能使倾听归于失败。

2．保持目光接触

说话人会从你的眼睛里看出你是否对他的话感兴趣，转移视线则表示你没有认真地听人说话。在客户看来，既然我说话你都没认真听，我又何必要礼貌地去听你滔滔不绝地推销呢？

3．以关心的态度倾听

不要马上就问许多问题，不停地提问给人的印象往往是听者在受“拷问”。你带着理解和相互尊重进行倾听，才能表现出对客户需要的兴趣来。

4．及时回应

客户在倾诉过程中需要得到销售人员的及时回应，如果销售人员不进行任何回应，客户就会觉得这种谈话非常无味。必要的回应可以使客户感到被支持和认可，当客户讲到要点或停顿的间隙，销售人员可以点头，适当给予回应。使用不同的回答，如“是的”“明白了”“继续谈吧”“对”“很好”，别老是“是、是、是”地毫无变化，以激发客户继续说下去的兴趣。例如：

客户：“除了黄色和白色，其他的颜色我都不太满意。”

销售员：“噢，是吗？您觉得淡蓝色如何呢？”

客户："淡蓝色也不错，另外……"

5．避免先入为主的谈话

你是否注意过，当你和客户谈话的时候，客户对你所说的话并没有留下什么印象呢？事实上，人们总是在听对方说话时，心里却往往想着自己的事，并且想把它们说出来。如果你的客户在想着自己的心事的话，当然不会注意你所说的话了，除非他们有机会说出自己的心里话。

6．及时总结和归纳客户观点

这样做，一方面可以向客户传达你一直在认真倾听的信息，另一方面，也有助于保证你没有误解或歪曲客户的意见，从而使你更有效地找到解决问题的方法。例如："如果我没理解错的话，您更喜欢弧线形外观的深色汽车，性能和质量也要一流，对吗？"

7．不要打断客户的谈话

很多客户都讨厌那种耍小聪明、在客户说完之前就打断自己、中间不断插话的销售员。你回想一下，你是否有在客户还在说话的时候，不假思索地把自己的想法说出来呢？甚至还会告诉客户哪儿错了，为什么错，在客户还不知道错之前就急着纠正客户。客户遇到这种情况，轻则对你毫无态度，重则会直接把你打发走。因为客户掏钱不是来听你教训他的。

投其所好：最有效的销售攻势

打动人心的最佳方式，是跟对方谈论其最感兴趣的、最珍爱的事物，即投其所好。销售的核心之一便是投其所好。如果你这样做了，成功就会离你越来越近。“说别人喜欢听的话，双方都会有收获”，这正是销售冠军们的成功法则之一。

投其所好，是一门艺术、一种智慧，也是一种沟通的秘诀。它寻求的是不同职位、不同行业、不同经历的买卖双方的利益共同点。投其所好，是调动你的知识、才能以及各种优势，向客户发起的心理攻势，直至达到“俘获”对方的目的。

在一次商业聚会上，汽车销售员杨玉欣得知一个规模较大的弯管接头公司总经理宁迎朝先生想换一辆新车，但由于他生性节俭，所以迟迟没有行动。周二的上午，杨玉欣决定前去一试，她较为顺利地来到总经理办公室的门口。杨玉欣整整衣衫，深吸一口气，调整面部表情，觉得自己看上去温和、自然而精神极佳时，便举手轻轻叩门。“请进。”一个沉稳的男中音响起。杨玉欣推门进去，只看到办公桌后头发梳得一丝不苟的脑袋：宁总经理并没有抬头，秘书小姐早就通报了她只是一名汽车销售员，宁经理只埋头于他手中的一堆资料。

杨玉欣并没有耽搁时间。走了几步，她开口说："宁总经理您好，我是销售员杨玉欣，可以为您效劳介绍各种款型的汽车。"说完，双手递上名片。"又是一个搞销售的，都以为我自己没主意吗？"宁总经理终于抬起头，但看上去满脸的不耐烦，瞥一眼那张名片就随手放在桌子上。

杨玉欣想解释，但马上就被宁总经理打断了："你已是今天的第三个销售员了，估计不会有什么新意。我很忙，有许多事情要做，不可能听你瞎说，还是先请吧。"杨玉欣还想努力："稍稍打扰您一会儿，请让我自己介绍一下好吗？我来是想和您约个时间。您方便的时候，只要20分钟就够。"宁总经理提高了一个声调："没听说我没时间吗？"也许他看资料遇到了不顺心的事，或者是因为被打断思路而恼怒了，早就失去了平日的沉稳。杨玉欣语塞了，心情也阴暗下来，正想告辞时，瞥见办公桌的角上放了三个小小的弯管接头，灵感来了。她仔细地看着这几个产品，足足一分多钟目不转睛。

已经埋首资料中的宁总经理忽然觉得面前的人还没走，抬起头来正待不耐烦地发话，看到杨玉欣专注的目光，不由得把已到嘴边的话咽回去了。杨玉欣当然注意到这个细节了，马上不失时机地问道："这些都是您制造的？""没错。"宁总经理顿了一下答道。显然因为一个外行人关注他的产品而引起了他的注意。他对杨玉欣打量起来，目光也有了交流，变得和善。"您干这一行多少年了？"杨玉欣挑起话题。"哦，好几年了吧。"宁总经理深有感触，手里的资料也完全放下了。"您是如何开始您的事业的呢？"杨玉欣一副好奇的神情。宁总经理显然对眼前这位年轻女孩有了十分的好感。他背靠椅子，看起来神态可亲，开始了话题：“说起来话就多了。17岁那年我就开始给一家工厂打工，没日没夜地苦干10年，后来终于自己办了这家公司。”“您是本地人吗？”觉得对方口音与自己相似，杨玉欣进一步寻找亲近机会。“哦，不是，我是兰州人。”“那我们是老乡啊，我也是从甘肃过来打工的。您办这个公司一定要不少资金吧？”宁总经理微笑起来：“我靠5000元起家，干了几十年，资产上千万了。年轻人好好干是不愁饭吃的。”“您的产品生产过程肯定很有意思。”杨玉欣聪明地继续着沟通。

“确实有意思！我的厂日产10万只弯管接头，300多个品种，很多还出口到中东地区。你别小看了这小小的弯管接头，自来水管没它，无法通水；输油管道没它，无法输油。我为自己的产品感到自豪！”说着，宁总经理还起身走到杨玉欣身旁，道：“我可以带你看看这些产品是怎么制造出来的，只是要经过炼铁炉这样的高温环境，你愿意吗？”“非常乐意。”杨玉欣一副兴趣盎然的样子。然后，宁总经理陪着杨玉欣参观了一遍工厂。

就这样，两个人亲密起来，宁总经理对这位年轻女孩甚是关照，不仅向她买了一辆别克，以后当杨玉欣改行做保险时，还买了好几份保险呢。杨玉欣赚了钱，还赚了一位朋友，更赚了一个销售的窍门。

投其所好是打开对方心门的技巧。销售人员要想把产品顺利地卖给客户，最重要的是搞清楚客户的兴趣之所在。了解了客户的兴趣后，以此作为突破口进行商谈，很容易就能取得成功。调查表明，大部分客户在购买商品时，都是根据以往的经验进行选择的，余下的客户则是根据商品对他

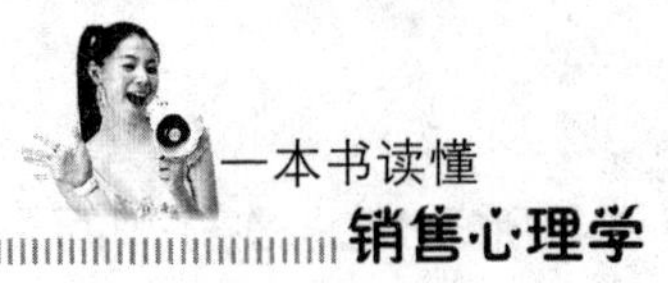

们未来生活可能造成的影响，以及他们自身对这种改变的内在感受进行选择的。对于前者来说，无论你怎样花言巧语，都无法鼓动他们掏腰包；而对于后者，只要你能抓住他们的兴趣与爱好以及内心的所想、所需，说服他们是完全有可能的。

销售人员罗吉斯去一家公司销售电脑的时候，偶然看到这位公司老总的书架上摆放着几本关于金融投资方面的书。刚好罗吉斯对于金融投资比较感兴趣，因此，就和这位老总聊起了投资的话题。最后，两个人聊得热火朝天，从股票聊到外汇，从保险聊到期货，聊最佳的投资模式，聊货币的增值，结果竟然聊得忘记了时间。

直到快下班的时候，这位老总才突然想起来，问罗吉斯："你销售的那个产品怎么样？"罗吉斯立即抓住机会给他做了介绍，老总听完之后就说："好的，没问题，咱们现在就签合同吧！"

罗吉斯与客户从相识、交谈到最终的熟悉，就在于彼此间找到了"金融投资"这个双方的共同点。

客户是销售员的衣食父母，既然你想从"父母"那里获得一定的利益，就要学会改变自己，去适应对方，投其所好，赢得对方的肯定和认可。所以，懂得投其所好的销售员肯定就具备了成功的条件，因为投其所好是向客户进行心理进攻的开始。

投其所好，对对方感兴趣的话题或事物给予真诚的回应，你一定会收到预期的效果。

化解客户异议，扫清成交障碍

客户异议是销售人员在销售过程中导致客户不赞同、提出质疑或拒绝的言行。销售人员在日常销售中曾遇见过的拒绝和异议并不代表客户对产品和服务不感兴趣，不愿意购买你的产品。异议表明客户还存在着顾虑和问题没有解决，不代表客户不愿意接受公司的产品。客户提出异议是一种完全正常的行为，因为客户在选择产品时要面临各种风险，为了追求利润最大化，必须关注关于产品的各种问题，只有顾虑和疑问消除之后才能决策；反之，如果客户没有任何异议，这反而是一种不正常的行为。无疑，客户的异议是销售过程的障碍，但这也是客户的权利。你若想成功地销售你的产品，就必须做好应付和消除客户异议的准备。

某商场负责采购的经理在采购一批某厂家的洗发水时，由于想在价格上争取到最低折扣，因此就挖空心思地去找毛病。并且，在抽样中，还真的发现了一瓶分量不足的产品，于是便趁机以此为理由，采取不依不饶的态度，坚决地讨价还价。

不料，厂家派来的销售员的经验非常丰富，他很平静地回答了这位经理：“经理，你知道美国有一个专门生产军用降落伞的工厂吗？其产品的不合格率为万分之一。当我们听到这个数字时会不会为他的高质量感到惊讶呢？尽管不合格率很低，尽管质量已经非常好，但同样意味着，在一万名士兵中就会有一名士兵因降落伞的质量问题而牺牲，无论是落到谁的头上，都是残忍的。当然，拿士兵的生命开玩笑是他们不能容忍的，同样军方也是不能容忍的。于是，他们在每次进行抽检产品时，就会让工厂的主要负责人亲自跳伞做试验，从那以后，产品的合格率全为百分之百。同样的道理，如果你们提货后，能将那瓶分量不足的洗发水赠送给我的话，我将会和公司的相关负责人一起分享。这可是我公司成立15年以来，首次使用免费产品的好机会啊！"

这位销售员的回答非常有水准。首先，他讲了一个故事，通过这个有一定说服性的故事来缓和一下僵持的气氛，并以此来减少客户的烦躁心理。然后，在后面的解说中，销售员阐述了拒绝的理由，即在合格率上告诉客户这份不合格产品存在的合理性，从而让那位采购经理无话可说。

在销售洽谈过程中，客户往往会提出各种各样的异议，并且这些异议自始至终地存在于销售过程中。这既是整个销售过程中的一种正常现象，也是使销售走向成功时必须跨越的障碍。从这个意义上说，只有遇到客户异议，才算你的销售工作真正开始了。因此，正确对待并妥善处理客户所提出的有关异议，是现代销售人员必须具备的能力。销售人员只有正确分析客户异议的类型和产生的原因，并针对不同类型的异议，采取不同的策略，妥善加以处理，才能消除异议，促成交易。

销售人员要想获得成功，必须正确对待和处理客户的异议，在处理异议时至少要遵循以下几个原则。

1. 事前做好准备

“不打无准备之仗”是销售人员战胜客户异议应遵循的一个基本原则。销售人员在走出公司大门之前就要将客户可能会提出的各种异议列出来，然后考虑一个完善的答复。面对客户的异议，做一些事前准备可以使你做到心中有数、从容应对，反之，则可能使你惊慌失措、不知所措，或不能给客户一个圆满的答复以说服客户。国外的许多企业经常组织一些专家来收集客户的异议，制订标准应答用语，并要求销售人员牢记、运用。在实践中，编制标准应答用语是一种较有效的方法，具体程序如下：

步骤1：把大家每天遇到的客户异议写下来。

步骤2：做分类统计，依照出现频率排序，出现频率最高的异议排在最前面。

步骤3：以集体讨论的方式编制适当的应答用语，并编写、整理成文。

步骤4：请大家熟记在心。

步骤5：由老销售人员扮演客户，大家轮流练习标准应答用语。

步骤6：对在练习过程中发现的不足，通过讨论进行修改和完善。

步骤7：对修改过的应答用语进行再练习，并最后定稿备用。最好是印成小册子发给大家，以供随时翻阅，达到运用自如、脱口而出的程度。

2. 要听客户讲完

当客户不断地提出异议时，其实就为你提供了说服客户的方法。如果客户说了几句，销售人员就还以一大堆反驳的话，不仅会因打断了客户的讲话而使他感到生气，而且还会向对方透露出许多情报，当对方掌握了这些信息后，销售人员就处在不利的地位，客户便会想出许多拒绝购买的理由，结果当然就不可能达成交易。

3．选择适当时机答复

美国某权威机构通过对几千名销售人员的研究发现，优秀销售人员所遇到的客户严重反对的机会只是普通销售人员的十分之一，主要原因在于：优秀的销售人员对客户的异议不仅能给予一个比较圆满的答复，而且能选择恰当的时机进行答复。可以说，懂得在何时回答客户异议的销售人员会取得更大的成绩。销售人员对客户异议答复的时机选择有以下四种情况：

（1）在客户异议尚未提出时解答。防患于未然是消除客户异议的最好方法，销售人员觉察到客户会提出某种异议，最好在客户提出之前就主动提出并给予解释，这样可使销售人员争取主动，做到先发制人，避免因纠正客户看法或反驳客户的意见而引起不快。销售人员完全有可能预先揣摩客户异议并抢先处理，因为客户异议的发生有一定的规律性，如销售人员谈论产品的优点时，客户很可能会从最差的方面去琢磨问题；有时，客户没有提出异议，但其表情、动作及措辞和声调却可能有所流露，销售人员觉察到这种变化时可以抢先解答。

（2）在异议提出后立即回答。绝大多数异议需要立即回答，这样，既可以促使客户购买，又表示了销售人员对客户的尊重。

（3）过一段时间再回答。以下异议需要销售人员暂时保持沉默：当异议显得模棱两可、含糊其词、让人费解时；当异议显然站不住脚、不攻自破时；当异议不是三言两语就可以辩解得了时；当异议超过了销售人员的能力水平时；当异议涉及较深的专业知识，不易为客户马上理解时……急于回答客户的此类异议是不明智的。经验表明：与其仓促答错十题，不如从容答对一题。

（4）不回答。许多异议不需要回答，如无法回答的奇谈怪论、容易造成争论的话题、废话、可一笑置之的戏言、明知故问的发难等。销售人员可以采取以下处理技巧：沉默；装作没听见，按自己的思路说下去；答非所问，悄悄扭转对方的话题；插科打诨幽默一番，最后不了了之。

4. 不要跟客户争论

客户提出异议，意味着他需要更多的信息。一旦销售人员与客户发生争论，拿出各种各样的理由来压服客户，即使能在争论中取胜，却也彻底失去了成交的机会。

销售人员在遇到异议时，还必须把客户和他们的异议分开。也就是说，要把客户自身同他们提出的每一个异议区别开来。只有这样，销售人员在消除异议时才不会伤害到客户本身。销售人员要理解客户提出异议时的心理，要注意保护客户的自尊心。如果你说他们的异议不明智、没道理，那么你就是在打击对方，伤害对方的自尊心，尽管你在逻辑的战斗中取胜，但你在感情的战斗中却失败了，你不可能获得成功。

5. 引导客户回答他们自己的异议

成功的销售员总是诱使客户回答他们自己的异议。有一句销售格言："如果你说出来，他们会怀疑；如果他们说出来，那就是真的。"客户提出异议，说明在他们的内心深处有疑问，只要你能引导他们自己回答就行了。只要你在这方面努力，给客户时间，引导他们，大多数客户自然就会回答他们自己的异议了。

换个说法，将意见变成建议

在与客户沟通的过程中，如果你想要把自己的意见或思想强加给客户并让他去接受，是很费劲的做法，与其这样，不如提出有效的建议，然后让客户去想出结论，那样不是更好吗？

但事实上，很多人都因为一心急于说服客户，改变客户的想法，一逮着机会，就滔滔不绝说个没完，丝毫不给客户表达自己想法的机会。事实上，真正想要让客户心悦诚服，最好的方法，还是要让客户得以充分地表达自己的想法。

一位专门负责销售装帧图案的销售人员，在向一家公司销售装帧图案时，每次这家公司的主管人员总是先看看草图，然后充满遗憾地告诉他："你的图案缺乏创新，我们不能用。"

一个偶然的机会，这位销售员读到了一本如何影响他人行为的心理学方面的书籍，深受启迪。于是，他带着一些未完成的草图，再次找到那位公司主管说："我这里有一些未完成的草图，希望您能从百忙中抽空给我指点一下，以便让我们能根据您的意见把这些装帧图案修改完成。"这位主管人员答应看一看。

几天以后，这位销售员又去见那位主管人员，并根据他的意见，把装帧图案修改完成，最后，这批装帧图案全部销售给了这家公司。自此之后，他又用同样的方法顺利而成功地销售出许多装帧图案，并因此而获得了丰厚的报酬。

这位销售员在谈到成功经验时说："我以前一直无法成功是因为我强迫别人顺应自己的想法，现在不同了，我请他们提供意见，这样，他们就觉得自己参与了创造设计，即使我不去销售，他们也会来买的。"

如果你想要使客户信服，就应该记住：要换位思考，别将自己的意见强加于客户身上。没有一位客户喜欢被迫进行商品买卖。换一个角度，如果你想赢得客户或者是要征询客户的意见及需求，就要让他觉得他是出于自愿而不是被迫的。

有一个年轻人去买摩托车。销售人员带着这个年轻人看过一辆又一辆摩托车，但是这个年轻人总是不称心。这儿不合适，那儿不好用，价格又太高，在这种情况下，销售员无计可施了，他就去向有经验的老销售员求助。

经验丰富的老销售员告诉他，此时最好停止向那个年轻人销售，而让他自主购买。不必告诉那个年轻人怎么做，为什么不让他告诉你怎么做？让他觉得出主意的人是他自己。这个建议听起来非常不错。于是，几天之后，当有一位客户希望把他的旧摩托车换一辆新的时，这位销售员就开始尝试这个新的方法。他认为这辆旧的摩托车对那个年轻人可能很有吸引力。因此，他打电话给那个年轻人，问他是否能

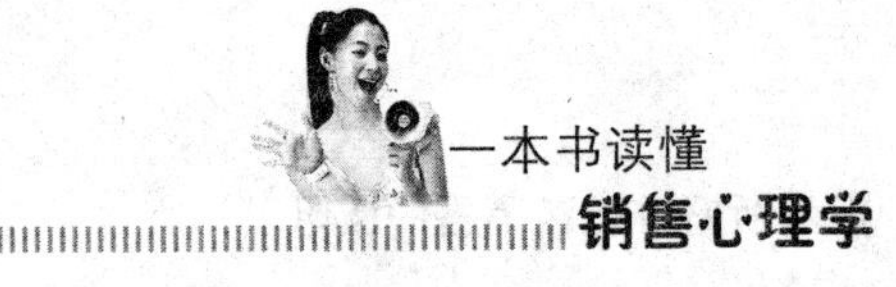

够过来看一下，提供一点意见。那个年轻人来了之后，销售员对他说："你是个很聪明的买主，你懂得摩托车的价值。能否请你看看这辆摩托车，试试它的性能，然后告诉我这辆摩托车应该出价多少才合算？"那个年轻人的脸上呈现出"满意的笑容"。

终于有人向他请教了，他的能力已经受到赏识。他把摩托车开上了大道，跑了一会就开回来了。"假如你能以5000元买下这部摩托车，"他建议说，"那你就买对了。"

"假如我能以这个价钱把它买下，你是否愿意买它？"这位销售员问道。5000元？果然，这是他的主意，他的估价。这笔生意立即成交了。

无独有偶。机械工业部下属的某大学，准备建立一座现代化的电教大楼，一些厂家得知这一消息后，纷纷上门，希望该校负责设备的张教授购买他们的产品，有的销售人员一个劲地向张教授介绍他们厂的产品如何如何好；有的销售人员还暗示，如购买他们厂的产品，可以从中得到一笔可观的回扣等，而A厂的王主任，却采取了与众不同的方法，他给张教授写了一封信，内容大致如下：尊敬的张教授，我们知道您是电化教学仪器设备的专家，今天写信打扰，是因有一件事希望您能帮点小忙，我们厂新近生产了一套电教方面的设备，在投入批量生产之前，我们想请您指导一下，看看哪些地方尚需改进。我们知道您的工作很忙，因此很乐意在您指定的任何时间，派车前往迎接。接信后，张教授感到十分荣幸，感到了自己的重要价值。他立即给王主任回信：本周末愿意前往。在王主任的陪同下，张教授仔细观察、试操作了该厂的产品，结果，只在一些小细节上提出一些改进意见。回校三天后，厂里接到张教授的来信："经研究决定，我们购买贵厂的电教产品……"王主任运用"软销售"——谦逊的方式，让张教授自觉自愿选购，并让他觉得这完全是他自己的主意，从而获得了销售的成功。

在与客户沟通的过程中，让客户觉得办法是他自己想出来的，的确是一个屡试不爽的方法。无论是谁，如果你想说服客户，你想影响客户接受你的思想方式，你就要将意见变成建议。

事实上，如果你靠说去折服客户几乎是不可能的，其结果恰恰相反：说而不服。有些人一见到客户就滔滔不绝地说个不停，让客户完全失去了表达意见的机会，使客户感到厌烦。一旦客户厌烦，不用说，你与客户的沟通注定要失败。所以，在沟通过程中，你所要做的不是去强迫别人接受你的想法和产品，而是要让客户心甘情愿地接受你的东西。

巧用心理暗示，改变客户想法

在销售过程中，巧用心理暗示可以激发客户的购买欲望，避免客户直接拒绝，这是销售过程中连攻带防的最佳策略。它即可以使销售人员保持与客户建立的良好关系，又可以加快销售的进程，以心理暗示影响客户的观念，改变其认识，增强其购买信心，加速成交进程。

销售的状况千变万化，可能你的一些预先计划会被打乱，但是，比起这种计划，如何培养自己在销售过程当中从容应对变化就来得更加重要，因为随着销售的深入和客户介绍的深入，我们会发现原来不同的客户需求有很大的不确定性，但不管事物的表面如何千变万化，其内部的原理其实是一样的，所以，销售人员在培养自己销售应变能力的同时，也不要忽略了自己在统筹计划方面的能力。应变能力的提高很大程度上是建立在统筹规划的提高的基础之上的。而学会“暗示心理学”就是提高销售人员在实际销售过程中如何应变的一个重要技能！

销售人员在开始进行销售时，一开始就要做好充分的准备，向客户做有意识的肯定的暗示，使他们从一开始就走进你的“圈套”。例如：

“我们公司目前正在进行一项新的投资计划，如果你现在进行一笔小小的投资。过几年之后，你的那笔资金足够供您的孩子上大学。到那时，您再也不必为您的孩子的学杂费发愁了。现在上大学都需要那么高的费用，再过几年，更是不可想象，您说，那会怎么样呢？”

当然，你对他们进行了如上的各种暗示之后，必须给他们一定的时间去考虑，不可急于求成。要让你的种种暗示，渗透于他们心中，使他们的潜意识接受你的暗示。

销售人员要善于把握进攻的机会。如果你认为已经到了深知客户是否购买的最佳时间，你可以立刻对他们说：“每个父母，都希望自己的孩子接受高等教育。‘望子成龙’和‘望女成凤’，这是人之常情。不过你是否考虑到，怎样才能避免将来的这种沉重的经济负担？如果你对我们公司现在进行投资，则完全可以解决你的忧虑，对这种方式，你认为如何？”

当买卖深入实质性阶段时，客户有可能对你的暗示加以考虑，但不会十分仔细，一旦你再对他们的购买意愿试探时，他们会再度考虑你的暗示，坚信自己的购买意图。

客户进行讨价还价，会使他们洽谈的时间加长。这时，销售人员必须耐心地、热情地和他们进行商谈，不断强化那是他自己的意图，直到买卖成交。

销售人员如果能适当地加以运用心理暗示，可使最顽固的客户也听从你的指示，交易甚至会出乎你所预料地顺利，而那些顽固的客户会在不知不觉间点头答应成交。

曾经有一位销售经理运用“暗示”销售法成功地使一位客户高兴地买下了该公司销售的一台电冰箱。

当这位销售经理看到销售员和一位客户在说话时，便走过去说：“这台冰箱倒是很好，不是吗？”

“我看并不见得好。”那位妇女摇摇头回答。

“怎么，您认为这台冰箱不好，是吗？这冰箱是由全国一流的工程师联合研制成功的，不管从外观、容量和结构，还是从性能和效果方面来看，都是很好的，可是您认为这冰箱有哪些地方不协调呢？”

“这几点倒还可以，只是不应该有那么多的门，那有多难看啊！”

“也许您说得有道理，同时，我的理解是，正是多门才是我们这种冰箱的最大特色。现在市面上多为二门、三门冰箱，我们这种冰箱却是多门对开，便于食物分类放置、互不干扰，而且冷藏冷冻空间分配更合理，使用起来方便至极。我想您是个大忙人，您当然想这台冰箱可以为您减少一些麻烦，节省一些时间，是吗？”

“说不定您买回去，邻家的太太见了一定羡慕不已，说您买了一台好冰箱呢！”

“如果您买一台普通的冰箱回去，邻居见了，也不觉得怎么新奇，也许看一下就忘掉了，不是吗？”

然后，这位销售经理又安排员工把冰箱搬出来。“太太，这台冰箱您是想把它放在家里的哪个位置呢？”

“太太，冰箱是您自己带回去，还是由我们给您送回去？我们免费送货，免费安装。这是送货单，请把地址和电话写好，我们下午送货。”就这样，那位太太在销售经理的暗示下签了字。

所以说，暗示是一种有效的销售手段。只要在交易一开始时，利用这种方式，提供一些暗示，客户的心理就会变得更加积极，进而很热心地与你进行商谈，直到成交为止。

心理暗示是购买心理应用的核心环节，它可以巧妙地避免客户直接拒绝。

心理暗示虽然只是一个小小的技巧，但却能让客户对你留下深刻的印象。心理暗示这种方法非常简单，且有惊人的效果。可以这么说，一个不懂得如何用暗示激发客户购买欲望的销售人员不是一个高明的销售人员。

第六章　成功销售的心理学定律

——你能主宰的，永远大过你想象的

交际氛围定律：小幽默能调节气氛

心理学家认为：幽默是一种最富感染力、最具有普遍传达意义的交际艺术。幽默在人际交往中的作用是不可低估的，俗话说“笑一笑，十年少”，人们大多喜欢和具有幽默感的人交往，因为他们能给人带来一种心灵上的愉悦和轻松。对于销售人员来说，要想在市场上来往穿梭、游刃有余，不仅要有良好心态、专业知识、专业技能，还要有幽默的语言和幽默的动作，让客户在欢笑中喜欢你，接受你的服务；让客户在快乐中欣赏你，购买你的产品。

在销售中，交易的本身容易让客户充满戒备与敌意，如果销售人员能够适当运用幽默的技巧，就可以消除客户的紧张情绪，使整个商谈过程变得轻松愉快，充满人情味。所以，幽默的销售人员更能获得客户的欢迎，取得他们的信任，促使交易走向成功。

昆山有一家叫作“泰远”的旅社，它坐落于一个风景名胜区内。曾经有一位销售员前往该旅社向这位老板销售券商理财产品，当他与那家旅馆老板在旅馆中进行磋商时，如同一般准客户的反应一样，那位老板这么对他说："这件事情让我再考虑一下，因为我还需要请示一下我的太太。"这家旅馆名叫"泰远"，与"太远"同音，因此在听完他的推脱之词后，这位销售就这么对他说："来到贵店'太远'，如是'太近'的话，多来几次也无妨。但是偏偏我却是身居在那遥远的上海……"听了这番话后，那位老板随之就忍俊不禁，笑个不停，结果在那一天这位销售人员就谈成了这笔生意。

有时小小幽默却能发挥出莫大的效果。聪慧的销售人员灵机一动，通过旅馆的谐音制造了一个幽默，却产生了出其不意的效果，打动了客户。如果你能让客户开怀大笑，你就能赢得客户，这就是幽默的力量。

幽默可以说是销售成功的金钥匙，它具有很强的感染力和吸引力，能迅速打开客户的心灵之门，让客户在会心一笑后，对你、对商品或服务产生好感，从而诱发购买动机，促成交易的迅速达成。所以，一个具有语言魅力的销售人员对于客户的吸引力简直是不能想象的。

一位长得有点丑的朋友每次遇到陌生人眼盯着他看的时候，他总是微笑着开口说："你们见过长得像我这么丑的推销员吗？"他利用自嘲的方法打开话匣，这样一来，客人和其他人也就不太注意他的"丑"，而是听他介绍产品。

幽默是否能如愿取得预期的效果，与是否要在沟通中寻找富于机智的幽默材料，或是否预先准备了充足的笑话等关系不大，重要的是你是否有幽默的心态，因为幽默是成功行销不可或缺的一大要素。

一个年轻小伙向一位老人家推销放大镜，眼看就要成交了，但老人家忽然看到小伙子手上有一块刺青，老人立马说不要了。小伙子眼角瞟见老人看到自己有刺青才说不要购买的这一举动，于是灵机一动说："低价未必没有好货，就像我手上有刺青一样，有刺青的不一定是流氓,他可能是岳飞。"见到小伙子这么一说，老人家竖起大拇指，连说："小伙子不错，我买了！"

幽默的人走到哪里就会将笑声带到哪里。如果你是一个幽默的销售人员，那么在整个交易过程中，你将会给客户带来很多快乐，使客户倍感轻松。所以在销售过程中，你不妨在适当的时机来点小幽默，缓和与客户之间对立的气氛，更快地达到彼此合作的目的。

杜利奥定律：只要热情在，业绩不会坏

一个浓雾之夜，当拿破仑·希尔和他母亲从新泽西乘船渡江到纽约的时候，母亲欢叫道："这是多么令人惊心动魄的情景啊！"

"有什么出奇的事情呢？"拿破仑·希尔问道。

母亲依旧充满热情，“你看呀，那浓雾，那四周若隐若现的光，还有消失在雾中的船带走了令人迷惑的灯光，那么令人不可思议。”

或许是被母亲的热情所感染，拿破仑·希尔也着实感受到厚厚的白色雾中那种隐藏着的神秘、虚无及点点的迷惑。拿破仑·希尔那颗迟钝的心得到一些新鲜血液的渗透，不再没有感觉了。

母亲注视着拿破仑·希尔：“我从没有放弃过给你忠告。无论以前的忠告你接受不接受，但这一刻的忠告你一定得听，而且要永远牢记。那就是：世界从来就有美丽和兴奋的存在，她本身就是如此动人、如此令人神往，所以，你自己必须要对她敏感，永远不要让自己感觉迟钝、嗅觉不灵，永远不要让自己失去那份应有的热情。”

拿破仑·希尔一直没有忘记母亲的话，而且也试着去做，就是让自己保持有那颗热忱的心，有那份热情。

生活，其实是一种态度。当你态度积极的时候，你的生活也随之热情高涨。所以，美国自然科学家、作家杜利奥总结说：没有什么比失去热忱更使人觉得垂垂老矣。热忱是人的生活态度，积极投入，时时充满热情，才是人的最佳状态。因为，积极热情的态度可以感染人、带动人，给人以信心，给人以力量，形成良好的环境和氛围。这就是杜利奥定律。

热情是一种洋溢的情绪，是一种积极向上的态度，更是对工作的热爱。不论我们从事的是什么样的工作，如果没有倾注全部的热情，都很难将它做好，也很难在某一领域做出成就并展现自我的价值。

一个销售人员成功的因素很多，而居于这些因素之首的就是热情。没有热情，不论你有什么能力，都发挥不出来。

热情，是一种内在的精神实质，它深入人的内心，真诚的热情是最能打动人的。商品是没有生命的东西，但客户却是有血有肉的人，会被热情所打动。热情还可以弥补销售人员自身的不足。即使是缺乏销售经验的销售新人，也能凭着不可抗拒的热情不断地将产品推销出去。总之，销售人员只有用热情感染客户，销售事业才会犹如神助。无论是国际品牌的推广还是做小买卖的摊贩，热情都能创造交易，因为感性诉求永远能打动买主的心。

销售是一份十分需要耐力和坚强意志力的工作，每一天都需要你充满热情。有许多从事销售的人，经过一段从业日子之后，便销声匿迹了，这主要与“三分钟热度”有关。

每天遭受拒绝、意志力薄弱的销售员，在客户一声声“不要”中，只好打退堂鼓。他们失败的原因就是缺乏热情。

塞克斯是美国马萨诸塞州詹森公司的一个销售员，凭着高超的销售技艺，他叩开了无数经销商壁垒森严的大门。有一次，他路过一家商场，进门后先向店员做了问候，然后就与他们聊起天来。通过闲聊，他了解到这家商场有许多不错的条件，于是想将自己的产品推销给他们，但却遭到了商场经理的严厉拒绝，经理直言不讳地说：“如果进了你们的货，我们是会亏损的。”塞克斯岂肯罢休，他动用了各种技艺试图说服经理，但磨破嘴皮都无济于事，最后只好十分沮丧地离开了。他驾着车在街上溜达了几圈后决定再去商场。当他重新走到商场门口时，商场经理竟满面堆笑地迎上前，不等他辩说，经理马上决定订购一批产品。

塞克斯被这突如其来的喜讯搞糊涂了，不知这是为什么，最后商场经理道出了缘由。他告诉塞克斯，一般的销售人员到商场来很少与营业员聊天，而塞克斯首先与营业员聊天，并且聊得那么融洽；同时，被拒绝后又重新回到商场来的销售人员，塞克斯是第一位，他的热情感染了经理，也征服了经理，对于这样的销售人员，经理还有什么理由再拒绝呢?

如果你选择了销售行业，你就避免不了经常性地遭到失败和拒绝，如果你对销售工作没有一点狂热的激情，苦苦挨到发薪的那天你会得到令人失望的结果。你的收入是与你提供给客户的服务数量来决定的。较少的服务等于较少的收入，更多的服务等于更多的收入。所以说，如果销售人员对待其所从事的销售工作没有狂热的热情投入，就不可能在销售中获得非常大的成功。

王志刚连续十年蝉联缝纫机销售冠军。中学毕业后，他原本继承父业从事铸工一职，不料数年后经济不景气，导致订单大幅锐减，一个星期中实际工作没几天，而此时的他已经结婚生子了，因此经济越来越拮据。直到有一天，他偶然看到一张“诚聘销售人员，专职、兼职均可”的广告，当时他心想既然可以兼职，可利用星期六、日去跑客户，也没有考虑自己从无销售的经验、对缝纫机更是一无所知，便跑去应聘了。更有趣的是，当他简单说完自己来应聘的目的时，也不管店长是否录取他，便一把抓起一旁的广告宣传单，说声“我走了”，只留下店长在后面大叫：“你到底懂不懂什么叫缝纫机？”

尽管他根本不懂怎么操作缝纫机，也不懂种种的销售技巧，只凭着自己的一片热忱，逢人便说拥有一台缝纫机可以自己做衣裳、绣花，享有数不尽的乐趣。很快地，一个月兼职的时间过去了，他以一个毫无经验的新人身份，才8个工作日，就创下了销售37台的佳绩，勇夺全店冠军，远超过所有专职的老销售员。

热情是销售成功的一个重要因素，统计表明，热情在销售工作中所占的分量很重。有的情况下，热情的作用甚至超出了销售人员对产品知识的了解和掌握，但遗憾的是，很多销售人员在销售的过程中并没有表现出足够的热情。可以说，经验和热情很少同时存在于同一个人身上，这就证实了这种说法，“熟而轻之”。长久地从事某一行业，可以给你带来丰富的经验，但同时也可能磨灭你的热情，使你变得越来越机械。你必须想办法加以克服，使自己的热情之火永不熄灭。

那么如何保持热情呢？

首先要对自己有信心，也就是说要对自己的产品有信心，对自己的服务有信心。这样当你与客户打交道时，才会热情洋溢，积极地为产品做宣传。

其次，这种热情应是发自内心的，而不是发自口舌的。只有让客户感受到你的真诚、你的真心，你们才能建立长远的合作关系。

热情作为一种精神状态是可以互相感染的，如果你始终以最佳的精神状态出现在客户面前，那你的客户一定会因此受鼓舞，你的热情会像野火般蔓延开来，你的热情就能感染和打动客户。

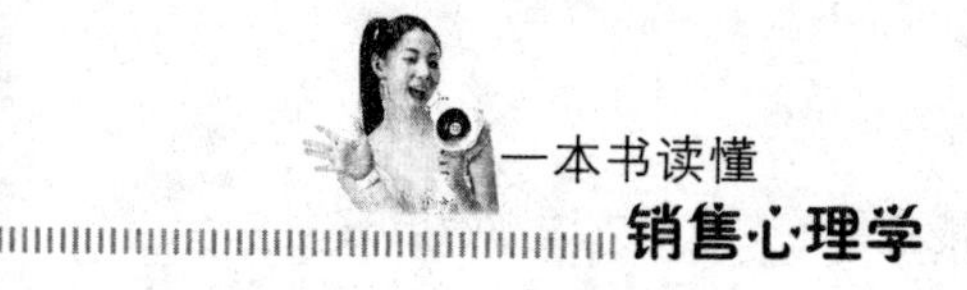

250定律：口碑宣传比推销更有效果

"250定律"是美国著名推销员乔·吉拉德在商战中总结出来的。乔·吉拉德是世界上最伟大的销售员，他连续12年荣登世界吉尼斯纪录大全世界销售第一的宝座，他所保持的世界汽车销售纪录：连续12年平均每天销售6辆车，至今无人能破。在乔·吉拉德的推销生涯中，他每天都将250定律牢记在心，抱定生意至上的态度，时刻控制着自己的情绪，不因顾客的刁难，或是不喜欢对方，或是自己心绪不佳等原因而怠慢顾客。

乔·吉拉德认为，每一位顾客身后，大体有250名亲朋好友。如果您赢得了一位顾客的好感，就意味着赢得了250 个人的好感；反之，如果你得罪了一名顾客，也就意味着得罪了250名顾客。这就是乔·吉拉德的250定律。由此，乔·吉拉德得出结论：在任何情况下，都不要得罪哪怕一个顾客。这一定律有力地论证了"顾客就是上帝"的真谛。

我们可以得到如下启示：必须认真对待身边的每一个人，珍惜现有的每一个客户，绝不做"一锤子买卖"，要用自己的产品和服务，让客户用口碑为企业做宣传，从而为我们带来更多的潜在客户。最好的广告不是来自于我们在媒体上投放了多少资金、购了多少黄金时段，而是来自于客户间的口口相传。

相信很多人都会认同这一点：最好的广告形式来自朋友的口头宣传。

大学毕业后，贝利就开始踏上了推销纯水机之路。贝利首先遇到的一个难题是，如何向那些从未听说过这种牌子的纯水机的人推销，很显然，要和一些已经占领市场的名牌产品进行硬碰硬的竞争可真是不容易。

在对以上问题进行过一番分析之后，贝利意识到，如果不能将自己所提供的服务与其他竞争者的服务加以区分，那么又怎能期望人们去购买自己的纯水机呢？

贝利认识到，对客户说漂亮的话是没有多大用处的，因为这种话人人会说。得找法子向客户展示出他们无法从其他竞争者那儿获得与贝利做生意时相同的利益。贝利常常自问：如何让我的潜在客户知道我将提供给他们特别的服务？因为这种附加价值将是他们极其乐意与我做生意的原因。

后来贝利想到了一个绝妙的主意——让客户为自己推销！事后证明贝利的这个做法是完全正确的，因为贝利正是通过为数不多的客户而打开了销售局面的。

由此，贝利充分认识到，成功的推销需要有庞大的人际关系作为后盾，这就好比一座高楼大厦的崛起需要无数的砖头做地基一样。迅速同客户建立长期良好的人际关系，无论是对促成交易，还是建立与公司的长期关系，都是至关重要的。良好的人际关系又被定义为密切的人际关系，当事人彼此之间通常都能相互信任，感情默契。

在贝利让客户帮他推销的经历中，让贝利记忆最为深刻的是一位叫杰克的客户。那时贝利的推销陷入困境，因为和杰克已经建立了良好的客户关系，并且逐渐成了很好的朋友，于是他们相互间也显得很亲密。有一天，贝利向他提出了帮自己推销的想法，他很爽快地就答应了。

杰克首先向他的同事和邻居推荐贝利的商品，他们用过之后都觉得比那些所谓的名牌商品实惠，因为贝利的东西质量的确很好，而且和那些名牌产品相比较，价格却比它便宜了许多。在杰克的大力帮助下，贝利的销售业绩迅速攀升。

在销售中，客户原本就有些犹豫不定，无法下决心签下购买订单，所以贝利觉得，最重要也是人们最关心的，是销售员提供的售后服务如何，尤其是在他们需要时，销售员是否会及时出现来提供服务。但是无论一名销售人员再说破嘴皮，客户也不会相信，因为他们会认为："他这么说只是为了挣到那笔佣金而已。"但是，让你的客户帮你推销时，这些疑虑就很容易被打破。因为客户相信那些原有的客户是和自己站在同样的立场上的。

在当前高信息量、快节奏的生活环境下，大多数人已对每天商业广告的轰炸近乎无动于衷：很多人拿着遥控器跳过电视中的广告，浏览报纸杂志时毫不犹豫地翻过其中的广告版，对于路边的巨型广告牌或灯箱视而不见。但是一旦他们听到一位亲友推荐某个产品或某项服务时，不仅会对此很感兴趣，而且多半还会亲自一试，因为大多数人相信亲友不会向他推荐劣等货。

对于大件产品，消费者购买之前，最先想到的是向自己周围的同事、亲友询问他们购买的是什么牌子，使用情况怎么样，并会牢记这些建议。如果我们发现并重视这一点，就会体会到口碑能产生多大作用。

二八定律：80%的订单来自于20%的客户

1897年，意大利经济学者帕累托偶然注意到19世纪英国人的财富和收益模式。从大量具体的事实中，帕累托发现：社会上20%的人占有80%的社会财富，即：财富在人口中的分配是不平衡的。同时人们也发现，在生活中有许多事物的发展都符合这一定律。比如，社会学家说，20%的人身上集中了人类80%的智慧，他们一生卓越；管理学家说，一个企业或一个组织往往是20%的人完成80%的工作任务，创造80%的财富，销售也是如此。

销售中的“二八定律”通常是指80%的订单来自20%的客户。例如，一个成熟的销售人员如果统计自己全年签订单的客户数目有10个，签订的订单有100万，那么按照二八定律，其中的80万应该只来源于两个客户，而其余8个客户总共不过贡献20万的销售额。这在销售界是经过验证的，所以又叫“二八铁律”。

销售工作很容易被看成以成交作为终结的一次性活动。用这种观念指导销售工作，会让销售人员把每一次销售都变成孤立的、分割开来的行动，会觉得每次都是从头开始，因此获得成功颇为不易。但是优秀的销售人员却把销售工作看作关系的建设和感情的积累，每一次成交不是一次销售的结束，而是另一次销售的开始。这样的销售是连续的、不间断的。昨日的业绩为今日的成功奠基，今日的成功为明日的辉煌铺路。

一般来说，每个销售人员手中都拥有一批老用户，这些老用户无论在感情上还是在交易上都与销售人员有一定的感情基础，因此销售人员确保老用户较之发掘新用户要容易得多；向老用户多销售些产品也比卖给新用户要容易。根据二八定律，80%的生意来自于20%的老用户，所以，销售人员千万不可怠慢了老用户。

有的销售人员一旦交易成功，尤其是获得了对方的长期订单后，便认为这位用户已属自己所有，于是松懈起来，例如不再严格遵守供货时间；在产品供不应求时，为了获得大宗销售额宁可供货给新用户却卡掉应给老用户的货；更有甚者，在对老用户的态度上来个180°的大转弯，不再像初识时那样客气谦恭，而是口气傲慢，这些都会严重伤害老用户的感情。

销售人员应该认识到，成交前的进攻固然艰难，成交后的保持更为困难。销售人员切不可把老用户视为自己的囊中之物，以为一朝拥有便关系永存。殊不知，恩爱夫妻尚有感情破裂之时，何况交易伙伴？销售人员对老用户稍有怠慢，就可能导致合作失败。很多时候老用户提出断绝关系是因为被销售人员伤害了感情。我们要知道，销售中没有绝对的“势力范围”，竞争对手从来不会对别人的用户采取绕开道走的政策，相反会千方百计寻找一切机会挖走别人的用户。因此，如果你在服务方面怠慢老用户，恰恰是给竞争对手以可乘之机。从长远看，业务关系比销售额对销售人员更重要。在任何情况下，销售人员都要首先考虑确保已有的业务关系，可以说，确保老用户是销售活动的基础。

确保业务关系和老用户，最简单的方法是不忘记他们，并让他们感受到这一点。销售人员可采取定期回访、书信问候等方法。

有一位销售人员，每次上门去推销的时候，并不急着和客户谈“业务”，而是先询问、关心一下客户的家事。“老张，听说你儿子住院了，最近他身体好些了吗？”“小陈，你家盖新房了，平时有什么需要帮忙的尽管说一声。”他还主动帮客户整理柜台、张贴价格标签等。这让这位销售员在这一带非常受欢迎。

销售人员的一声问候、一句关心，看似平常的小事，却能给人一种亲切感，让客户感觉销售人员就像自己的亲人一样关心自己，形如“一家人”，这无形中就增进了销售人员与客户之间的亲情关系。

有时候，销售人员对客户的一点点关怀，就能够得到客户的信任与喜欢，那么接下来的生意也就好做了。

那么，销售人员要怎样去关怀客户呢？

第一，根据客户的不同需要，提供针对性的关怀。如卷烟销售人员，可以传授客户一些卷烟保管知识；客户在经营上失利时，给予一定的支持；客户在情感上受挫时，给予一定的安慰；客户碰到困难时，给予热情的帮助……这样的关怀都能拉近自己与客户之间的距离，取得客户的信任。

第二，为客户提供良好的售后服务。乔·吉拉德说，他卖出一辆车以后，要做三件事：服务，服务，还是服务。良好的售后服务是销售员获得回头客的主要原因，而良好的售后服务也是对客户的一种最大关怀。售后服务做得好了，客户必然会变成回头客，一次又一次地购买你的产品。

第三，和客户常保持联系。一次购买的结束意味着下一次购买的开始。优秀的销售人员可以不断地从老客户身上得到订单，不仅如此，他还能从老客户推荐的人身上得到订单。所以，和服务过的客户保持个人联系是非常重要的，时常给他们写信，关心他们的生活，问他们是否需要帮忙，问他们使用后的效果如何……这一系列的关怀带给客户的是心灵的温暖，他们会认为，这样的销售人员才是真正关心自己的人，如果不买他们的产品那么会买谁的呢？

贝纳定律：只有占领头脑，才会占有市场

美国广告专家里奥·贝纳曾说：“要想占领市场销售，就要先占领头脑，占领了人们的头脑，获得了人们足够的注意力，你才能掌握市场的指挥棒。”这就是市场销售界著名的贝纳定律，如果你无法获得客户的注意力，就无法打动客户的心，自然就不能赚他的钱。

不能否认，这条定律是很有科学性的。因为头脑产生意识，而意识决定行动。客户购买某种产品，肯定是有了想购买这种产品的意识时才会做出购买行动的，要是客户对某种产品意识都没有，怎么会去购买它呢？

就像电视中“脑白金”的广告一样，当年的那种红火可不是一般人能想象的，“今年过节不收礼啊，收礼还收脑白金！”这可是一句家喻户晓、老少皆会的广告词，可就是这条广告词，通俗得让产品在客户的心中留下了深刻的印象，使得脑白金这一品牌深入老百姓的意识，所以，脑白金也开创了当时的销售纪录。

有一次，表演艺术家朗林杜拉带着他的马戏团来到一个陌生的城市，做巡回演出。然而，由于当地的人都没听过他的名字，因此观众寥寥无几。

朗林杜拉在街上行走的时候，碰到一个年轻的乞丐。朗林杜拉对乞丐说：“我不会施舍你一分钱，但我可以让你得到更多的钱，我要雇佣你。”乞丐答应了。

他把乞丐带回马戏团，交给他两块砖头，要他出去的时候，先把其中一块砖头放在街道上，然后拿着另一块去小镇的几条街道绕圈，等绕回放砖头的地方的时候，把手里的砖头和街上的砖头交换，然后再回到马戏团，再在马戏团绕一圈，接着从后门离开，继续相同的动作。但是，在整个过程中不可以和任何一个人说话。

乞丐第一次这样做的时候，人们开始注视乞丐的怪异举止。第二次，有少数人开始谈论他的行为。然后，有人开始跟着他，想看个究竟，许多人簇拥在他身旁，争论他到底在做什么。而他每次进入马戏团，就有一些人买票进场，继续盯着他看。仅第一天，乞丐就为马戏团吸引了上千观众。

几天之后，围观的人多得已经造成了交通阻塞，乞丐放砖头的行动被迫停止了。然而，马戏团却因此而得到了许多人的注目，火了起来，而朗林杜拉也赢得了为数不少的忠实粉丝。

为了吸引人们的注意力，朗林杜拉可谓独具匠心，他让乞丐拿着砖头奔跑，引来了众多人的注目。这无疑是一次成功的广告宣传。

对于销售人员来说，你要想尽办法先让你或者你的产品牢牢地抓住客户的眼球，获取他们的注意力，从而挑起他们的购买欲望。

民国时期，上海市有家毅辉服装店，虽然是老牌名店，但是自从进入民国以后，生意就一直走下坡路。老板眼看着这种情况只有发愁的份，因为他也找不到提高销量的有效方法。

当时尽管广告还不是主要的宣传手段，但是那时上海的报纸也时不时地出现一些广告语：李家豆腐，白嫩可口；张家钱庄，安全可靠……这些广告语吸引了老板，于是他也想借助这种广告来宣传一下自己的服装。

但是广告要怎么做才能吸引客户呢？店老板来回走动寻思着。这时，账房先生过来献计说："商业竞争与打仗一样，得注重策略，只要你舍得花钱在市里最大的报社登三天的广告，问题就会解决。第一天只登个大问号，下面写一行小字：欲知详情，请见明日本报栏。第二天照旧，等到第三天揭开谜底，广告上写'三人行必有我师，三人行必有我衣——毅辉服装’。”

老板的眼睛一下子就亮了起来，于是依计行事。广告一登出来果然吸引了广大读者，毅辉服装店顿时家喻户晓、生意火红。老板很有感触地意识到：做广告不但要加深读者对广告的印象，还要掌握读者求知的心理。

毅辉服装之所以能有这么大的成功，账房先生可谓功不可没。他利用了人们对悬念特别关心的心理，大吊胃口，最后突然让你恍然大悟。广告虽然做得简单，但敢于标新立异、冲破传统观念，因而取得了极大的成功。所以，只有先占领消费者的头脑，你的产品才会激起消费者的购买欲望。

的确，客户只有在头脑中对你的产品有印象，他们才会想着去购买你的产品，因此，你要想使你的产品或者服务占领客户的头脑，那么你就得讲求销售的独特性。

哈默定律：天下没有做不成的生意，只有不会做生意的人

哈默定律源自犹太人阿曼德·哈默的《哈默自传》。哈默为美国历史上最富传奇性的商人之一，他1898年出生于美国纽约，1917年在医学院学习期间继承了父亲的一家制药工厂。哈默从制药业起家，在经营制药厂期间，他成了百万富翁。随着财富的不断增长，他又涉足了其他的很多领域，如艺术品、食品、石油、养殖业，等等。

人们常说在自己的领域内要下足功夫，而哈默却在自己的一生中诠释了如何将不同类别的生意做到极致，这源自于他对经商的深刻理解。哈默在他的自传中强调：天下没什么坏买卖，只有蹩脚的买卖人。这也就是我们现在所说的哈默定律。

在销售界，有一个广为流传的小故事，可以说是哈默定律最好的应用。

有两个推销员分别被各自的公司派往太平洋上的一个岛国去开拓公司的鞋业销售市场。两个推销员到达那个岛国后惊奇地发现，原来那个岛国上的居民是赤脚走路的，他们还不知道鞋子究竟是什

么东西呢。于是一个推销员给自己的公司发了一条电报过去说：这个国家的居民出门不穿鞋，我们的产品在这里没有销售市场。而另一个推销员则给自己的公司发电报说：太好了，这个国家没有一家卖鞋的公司，居民也不穿鞋，我们的产品可以在这里推广继而普及了。

我们不得不赞赏那个善于发现潜在商机的推销员，叹服他的销售眼光。天下没什么坏买卖，只有蹩脚的买卖人。只要能够看到常人所不能看到的商机，你就能取得常人所不能取得的成功。

哈默定律昭示所有的销售人员，只要有永不放弃的信念和善于思考的大脑，不怕碰壁，勇往直前，胜利就在你的前方。

小袁是某铅笔厂的销售员，在去某边远地区游玩时发现当地没有铅笔制造厂，因此铅笔的价格相对很贵，同样的铅笔是他们厂铅笔价格的五倍。他觉着这是个机会。既然这个地方对铅笔有很大的需求，我为什么不能把我们的产品卖给他们呢？可是，他一算运费，利润就变得少得可怜，但还是可以试试的。

于是，他把这个想法告诉了经理，经理见利润不大，还很麻烦，就一口拒绝了。小袁为此很不甘心，多次向经理提出申请，最后，经理终于同意了。

结果不出小袁所料，由于货源充足，需求量又大，这笔买卖真的给公司带来了不小的收入，小袁还因此被提升为销售部副经理。

有需求，就会有销售。面对经理的拒绝，小袁没有畏惧退缩，而是迎难而上，终于取得了他应得的回报。

销售人员在工作中要时刻谨记：只要有需求，就会有销售；只要你想做，然后付诸行动，就没有做不成的生意。如果你带着这样的信念去拼搏、去奋斗，相信你最终是会成功的。

销售经理考验三位销售人员，给他们10天时间去向和尚销售梳子。10天后，销售经理问甲："卖出了多少把？"甲答："1把。"销售经理又问："怎么卖的？"甲讲述了历尽的辛苦，他游说和尚应该买把梳子，惨遭和尚的责骂，好在自己在下山途中遇到一个小和尚正在使劲挠着头皮，便灵机一动，递上木梳，小和尚用后满心欢喜，于是买下了1把。

销售经理问乙："卖出了多少把？"乙答："10把。"销售经理又问："怎么卖的？"乙说他去了一座名山古寺，由于山高风大，进香者的头发都被吹乱了，他找到寺院的住持说："蓬头垢面是对佛的不敬。应在每座寺庙的香案前放把木梳，供善男信女梳理鬓发。"住持采纳了他的建议，买下了10把木梳。

销售经理问丙："卖出了多少把？"丙答："1000把。"销售经理惊问："怎么卖的？"丙说他去了一个颇具盛名、香火极旺的深山宝刹，进香者络绎不绝。丙对住持说："凡来进香参观者，多有一颗虔诚之心，宝刹应有所回赠，以作纪念，保佑其平安吉祥，鼓励其多做善事。我有一批木梳，您的书法超群，只要刻上'积善梳'三个字，便可作为赠品。"住持大喜，立即买下1000把木梳。

同样的产品，同样的客户，不一样的销售结果，这便是优秀销售人员和普通销售人员的区别。销售人员在向客户销售产品时要考虑客户的需求，只有充分了解了对方的利益需求，才能实现双赢。

天下没有做不成的生意，就看你做不做，怎么做。

跨栏定律：为自己确立一个较高的销售目标

有这样一个小故事：

一位音乐系的学生走进练习室。在钢琴上，摆着一份全新的乐谱。

“超高难度……”他翻着乐谱，喃喃自语，感觉自己对弹奏钢琴的信心似乎跌到谷底，消靡殆尽。已经三个月了！自从跟了这位新的指导教授之后，不知道为什么，教授要以这种方式整人。勉强打起精神，他开始用自己的十指奋战、奋战、奋战……琴音盖住了教室外面教授走来的脚步声。

指导教授是个极其有名的音乐大师。授课的第一天，他给自己的新学生一份乐谱。“试试看吧！”他说。乐谱的难度颇高，学生弹得生涩僵滞、错误百出。“还不成熟，回去好好练习！”教授在下课时，如此叮嘱学生。

学生练习了一个星期，第二周上课时正准备让教授验收，没想到教授又给了他一份难度更高的乐谱。“试试看吧！”学生再次挣扎于更高难度的技巧挑战。

第三周，更难的乐谱又出现了。这样的情形持续着，学生每次在课堂上都被一份新的乐谱所困扰，然后把它带回去练习，接着再回到课堂上，重新面临两倍难度的乐谱，却怎么样都追不上进度，一点儿也没有因为上周练习而有驾轻就熟的感觉，学生感到越来越不安、沮丧和气馁。教授走进练习室。学生再也忍不住了，他必须向钢琴大师提出这三个月来何以不断折磨自己的质疑。

教授没开口，他抽出最早的那份乐谱，交给了学生。“弹奏吧！”他以坚定的目光望着学生。

不可思议的事情发生了，连学生自己都惊讶万分，他居然可以将这首曲子弹奏得如此美妙、如此精湛！教授又让学生试了第二堂课的乐谱，学生依然呈现出超高水准的表现……演奏结束后，学生怔怔地望着老师，说不出话来。

“如果，我任由你表现最擅长的部分，可能你还在练习最早的那份乐谱，就不会有现在这样的程度……”钢琴大师缓缓地说。

造成这种现象的原因，就是心理学上所说的“跨栏定律”。心理学家认为，一个人的成就大小往往取决于他所遇到的困难的程度。竖在你面前的栏越高，你跳得也越高。对销售工作来说也是如此。

有不少的销售人员都认为自己的能力比不上那些销售精英，自己再怎么努力也不能达到吉拉德那样的销售高度，所以做起销售来业绩平平。其实，世界上并不存在什么天才销售员，所有成功的销售人员都是靠努力成功的。只有坚持自己的目标，不懈努力，你才能实现自己的理想。有些销售人员没有很好的业绩，是因为他们根本就没有自己的销售目标，所以他们的销售也就成不了什么气候。

所以说，要想成为销售精英，首先你必须要有明确的目标和计划，并且要不断地调整自己的目标，制订相应的计划，并严格地按照自己的计划办事。

小楚原来只是一家销售公司的普通销售人员。从他大学毕业走进公司的第一天起，他就为自己确立了一个看似很难的目标：两年以后当上销售经理。

从那时起，他的那个大目标就像一面旗帜，时时在他心底挥动，使他在任何时候、做任何事情都用销售经理的标准严格要求自己。他每天都疯狂地工作着，虽然这样工作起来有些累，但看着自己的辉煌工作业绩，他就如酒徒那样，虽然醉得如一堆泥，但心里还是很惬意，他渴望成功的心灵便会得到满足。

付出总有收获，一年后，小楚就被提拔为主管，他的工作激情更高了，因此工作起来更加卖力了。他的工作能力和销售业绩最终得到了总裁的肯定。在当上主管不到半年的时间里，他就提前被提升为销售经理。

小楚能从一名普通销售员，迅速升至主管，不久又升任销售经理，就是因为他从一开始就肯定了自己一定能做一个销售经理，并为之而努力奋斗。

古人云："凡事预则立，不预则废。"事实一再表明，一个人只有确立远大的目标，才能改变工作中、事业上的不理想现状，使自己的低微职位、看不见光明的前途等得到改变。当你为自己确立了一个远大的目标，并承诺为实现这个目标而奋斗的时候，你便会感觉到涌动在你心底里的巨大潜能，并会感觉到你有使不完的劲。而正是这些潜能可以改变你的一生。

保险销售人员史密斯忘我地工作了三年，业绩却一直平平。"难道我就这样继续生活吗？销售人员的生涯能够保障我的未来吗？""我不相信在今后三个月中，销售额达不到100万元！"史密斯先生给自己确立下了三个月完成100万元销售额的目标。

在目标的激励下，就在第一个月，史密斯便销售出两份保险单。不过，即使刚开始就取得了一个开门红，可是，人们还是议论纷纷，认为史密斯肯定坚持不了几天。可史密斯则坚信自己每天都能完成更高的目标，多售出几份保险。在肯定自己一定能够成功的前提下，在纽约，他每天平均成交80份保险单，最高纪录是一天售出130份。在他不懈地努力下，他的业绩一天天地提高，他不仅在纽约站稳了脚跟，还在其他地区也开辟了自己的市场。

史密斯先生正是在目标的激励下，达到了在别人看来几乎是不可能完成的业绩的。一个人要想有高远的目标，就不能只想自己能力的大小，而是要相信自己有着非常巨大的潜能，然后马上行动。如果你这样去想，而且这样去做了，那么你就会发现自己的能力远远超过自己所预想的。

有了目标就有了动力，有了动力就会促使自己对成交的渴望。在销售之前设定高远目标是销售人员成功的方法之一。值得一提的是，销售人员在确立目标的时候，还应注意以下几个方面。

1. 明确自己的目标

正确的目标带有非常突出的“明确性”的特点。新生活是从选择开始的，它并不是方向，而是真正的目的地。一些人之所以没有成功，主要原因就是他们往往没有明确自己行动的目标。只有设定明确的目标才能集中精神，才能够朝着所希望的目标前行。

2. 制订实现目标的计划

一旦制订了目标及实现目标(克服障碍)的方法，就要制订每年、每月、每周，甚至每天的计划。

3. 付诸行动

没有行动，再好的目标也只是白日梦。不要拖延，不要“以后”，立即就做，现在就做。

4. 规定实现目标的期限

没有期限，就等于没有目标，就永远达不到成功的彼岸。期限，是衡量目标进展的尺度，是激发你向目标不断前进的动力。

5. 不断地向自己提出更高的目标

你的目标越高，你的眼界就越宽阔，你的世界就越大，你的思想也就越积极。更高的目标，能催人奋进。你完成的每一个目标和为达到目标所做的每一件事情，都须指向你的人生目标。

6. 持之以恒

对于确立的目标，要坚持下去，不能半途而废，即使完成不了也应尽

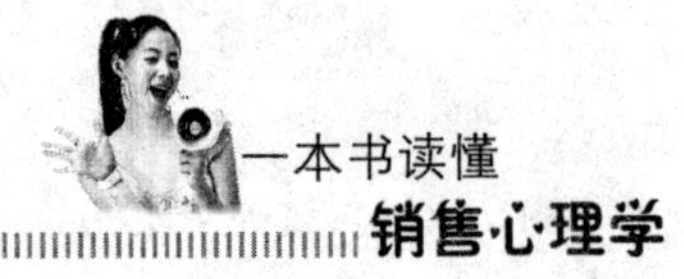

自己最大的努力，不能轻易放弃。

总而言之，只要你坚信自己能成为销售精英，坚信自己总能把产品成功地销售出去，你的精神状态就一定是积极、快乐的，你的言行举止和你的思想行动就一定是积极向上的，同时，你的销售之路就会变得更加顺利。

第七章 成功销售的心理效应

——他山之石，可以攻玉

攀比效应：用同类人做比较，激发客户的攀比心理

所谓攀比效应，简单地说，是当一项产品、服务开始比较容易获得，且开始逐级形成一种趋势，那么对这种产品或服务的消费量就会有一个很大的突破，并导致拥有这个产品或服务成为一种潮流。

互相攀比是人们常有的一种心理，尤其中国人是最爱讲面子的。比如同学之间攀比成绩，朋友之间攀比义气，企业之间攀比效益。销售人员巧妙地利用客户的攀比心理，是激发客户购买欲望的好方法之一。

一位夫人去一个首饰店选购饰品，在挑选过程中她看上了一枚非常漂亮的戒指。她拿着这枚戒指左右打量，爱不释手。但是这枚戒指很昂贵，一时间这位夫人有点犹豫不决。这时售货员走过来，为这位夫人仔细介绍了这枚戒指的情况，并告诉她这枚戒指曾经有一位总统夫人看上它，但由于价格昂贵而没有购买。这时，这位夫人眼睛一亮，一反刚才的犹豫不决，很痛快地结了账，脸上露出了满意的笑容。

为什么会出现这样的情况呢？原来很多人在消费时都有一种攀比心

理。例如上面的那位夫人，她之所以那么痛快地买下戒指，除了自己对戒指喜欢外，更重要的是满足了自己的虚荣心，满足了购物时的攀比心理。“堂堂总统夫人都嫌贵，可是我买了，想想就觉得骄傲”，这也许就是这位夫人的心声。女性消费的攀比心理是指一些女性消费者有一种希望自己比别人富有或者有地位的心理，除了通过消费满足自己基本的生活需求，使自己变得更美、更时尚外，她们还会以购买高档次、知名品牌的商品或者购买与众不同的商品来显示自己优越的地位或者其他过人之处。

一位父亲想给年轻的儿子买辆赛车，他们来到一家车行。儿子想要一辆黑色的赛车，但已脱销，推销员劝他买别的颜色，但是那位年轻人固执己见，非要一辆黑色的不可。这时，经理过来说：“您看看大街上跑的赛车，几乎全是红色的。”

一句话，使这位青年改变了主意，欣然买下一辆红色的赛车。

在这个案例中，经理正是利用了青年人喜欢攀比的心态，成功地说服他改变主意，放弃了购买黑色赛车的想法，转而购买别人都在开的红色赛车。

基于人们消费的攀比心理，销售人员就需要在具体的销售环节适时调动消费者的攀比心理。例如看到消费者犹豫不决时，可以说“这款商品很实惠，卖得很好”或者“这件商品适合有气质、有品位的女性，您很适合”等这种能够恰当刺激消费者攀比心理的话语。

为了更好地实施这一方法，销售人员还可以将用户资料归类，并装订成小册子，最好是按行业整理成册。这样到客户那里谈判时，有时只需要将这个用户资料的小册子给用户看，并送上一句话：“先生，您看，您与他们一样，都有一双明亮的眼睛和一个智慧的头脑，他们这样选择了，我想您也一定不甘落后吧？”

只要客户细心并认真地翻看你递给他的小册子，就一定会受到强烈的攀比心理的刺激，并有所心动，接下来，便是如何洽谈签单的过程了。

稀缺效应：越是稀少的东西，人们越是想得到

一般而言，一件东西的价值与它的稀缺性成正比。也就是说，某件东西越稀少或开始变得稀少起来的时候，它的价值就会随之增高。用一句简单的话概括稀缺原理就是“物以稀为贵”。如人们对要摇号的东西总是特别喜欢，非要占有不可，因为它罕见从而显得特别“香”，人们以拥有它为荣耀。又如画家的原作只有一幅就显得十分宝贵，因此，价格就比印刷得十分精美的高档复制品要贵得多，购买人也多得多。所以，如果我们在销售中能灵活运用稀缺效应，那么我们就会获得更多。

稀缺的直接后果，就是大吊人的胃口，挑起人本性中的好奇心和占有欲，发誓非要弄到手不可。

很多商家都利用人们的这一心理，出售数量有限的商品，限量销售，使得在保持价格相对昂贵的前提下，既稳固了自己的品牌形象，又迫使人们迅速行动、疯狂抢购。

20世纪40年代，一种新式影印机在美国全录公司诞生了。公司的创始人威尔逊获得了生产该影印机的专利权。这种被命名为“全录91型”的新式影印机第一批出厂时，成本仅为2400美元，谁知威尔逊竟将售价定为29500美元，超出成本10倍以上。公司里知情的员工们不禁倒吸了一口凉气，大家禁不住问威尔逊：“你是想做暴发户吗？”

威尔逊回答说：“那当然。只有傻瓜不想当暴发户。”

“我看你是想暴利想疯了。否则，请你想想，这样高的价格卖得出去吗？卖不出去的东西还有什么利润可言？”

“放心吧，我正常得很，我的脑袋比谁都清醒。”面对一连串的质问，威尔逊一概报以神秘的微笑。

“那……”

“请允许我打断你的话。听我说，我不仅知道这样高的价格可能会使影印机一台也卖不出去，而且我还知道，这个定价已经超出了现行法律允许的范围。等着瞧吧，我们的这个宝贝很可能被禁止出售。”

“那还得了。就算有跟你一样的疯子来买我们的宝贝，你又有什么法宝可以获得法律的许可呢？”

“什么法宝也没有。即使有，我也不用。我要的就是法律不允许出售，允许了也不卖。做到这两点，巨额的利润就能稳稳到手了。”

“什么？不准卖，而且卖不出去我们反倒能获得巨额利润？”

威尔逊胸有成竹地说：“是的，我本来就不准备出售影印机，而是卖影印机的服务，从服务中获取利润。”

不出威尔逊所料，这种新型影印机果然因定价过高被禁止出售。

但是由于该设备在展览期间已经向人们展示了它独特的性能，这使得消费者都渴望能使用这种奇特的机器。再加上威尔逊早已获得了生产专利权，“只此一家，别无分店”，所以当威尔逊把这种新型影印机以出租服务的形式重新推出时，客户顿时蜂拥而来。尽管租金不菲，但受到目前过高售价的潜意识影响，客户仍然认为值得。没过多久，威尔逊就赚取了巨额的利润。

不可否认，威尔逊的确是运用稀缺效应的高手。其实，消费者会被生产者的这种方式所吸引，主要的原因是消费者对于不能够得到的东西往往更珍惜，更想要得到，而对于那些需要竞争才能得到的东西更是希望能够尽早拥有。这也是稀缺效应能够发挥作用的原因所在。

法国经营皮箱的路易·威登公司，在很长时间里，其销售量总是稳步不前，公司经理忧心如焚。这天，公司销售部经理路易斯向董事会申请使用限量销售法，经研究，董事会通过了他的这项决议。其做法是：严格控制销售数量，即使客户订货量再大，也一律执行“限量销售”，制造出一种“供不应求”的景象。

有一位日本顾客，三天上门十多次，每次都提出要买50只手提箱，虽然仓库有大量存货，但销售人员却声称货源告急，每人只能买两只。许多人闻讯，纷纷登门抢购。路易·威登公司的“限量销售”法，正是利用了顾客怕买不到这样好的商品的心理，从而打开了市场。

“物以稀为贵”，东西少了自然就变得很珍贵。在消费过程中，客户往往会因为商品的获得机会变少、数量变少，而争先恐后地去购买，害怕以后再也买不到。

意大利的莱尔市场是一个很有特色和名气的市场，在这个市场上任何一种商品上市，总是会吸引众多消费者的眼球，使得很多地方的人纷至沓来，争相抢购，呈现一派门庭若市、生意红火的兴旺景象。

为什么会出现这么红火的商业景象？原来莱尔市场对所有进货的商品统统仅出售一次，即使是市场十分热销的产品也毫不例外地绝不再次进货经营。这么一来，久而久之便给消费者留下了极其深刻的印象：即莱尔市场上出售的商品都是最新的，要买到最新的产品，在莱尔市场上千万不能犹豫不决。“机不可失，时不再来”，也正因为如此，莱尔市场不仅经营状况一向很好，而且成为驰名国际的“独此一次”市场。

销售人员如果能好好把握客户的这种心理，适当地加以刺激，便可以使得客户认为如果这次不买，就“错过这村，没这店了”，使你顺利地让自己的商品获得畅销。

此外，在与客户交谈的过程中，销售人员还可以适当夸大市场信息或者与自己销售的商品有关的行情，一定要让客户知道，这种商品比较畅销，或者比较紧缺，让客户觉得现在就是购买的最好时机。

比如，销售人员可以说：“今年下半年市场的货可能就会比较紧缺了，因为我们公司现在人手不够，计划减少产品供应量。”或者“现在原料价格都涨了，可能过不了多长时间，我们商品的价格也会相应提升，建议您及早购买，别错失了良机啊。”客户听了这些话，他的“物以稀为贵”和“害怕买不到”的心理又会被刺激，下一步，他便会下定决心：现在就买！

登门槛效应：销售就是要得寸进尺

1966年，美国社会心理学家弗里德曼和他的助手曾做了这样一个有趣的实验。

首先，弗里德曼派一位助手去登门拜访一组家庭主妇，声称他正在为“安全驾驶委员会”工作，希望得到主妇们对这一运动的支持，请她们帮一个小忙：在一份呼吁安全驾驶的请愿书上签名。多数主妇认为这是一件利人利己的事，加上签个名也并不麻烦，所以，大多数的主妇都爽快地签了名，只有个别人拒绝了。

过了几天，弗里德曼又派这个助手去登门拜访一组家庭主妇，不过，这次他除了拜访第一次拜访过的家庭主妇之外，还拜访了一些以前从未拜访过的家庭主妇。助手这次带的是一个写着“谨慎驾驶”四个字的大招牌，他的任务是请求那些家庭主妇把这块牌子竖在她们各自的庭院里。

这个招牌看起来很笨拙，竖立在庭院里有些不协调。此次要求显然有那么一点点过分，那些被拜访的家庭主妇们究竟是会答应，还是会拒绝呢？

最终的结果是，在那些曾经同意在请愿书上签名（一个小要求）的家庭主妇中，有55%的人接受了在自己庭院里竖这块牌子（一个大要求）的要求，而在那些从未被访问的家庭主妇中，只有17%的人勉强接受了该项要求。

其实，日常生活中也经常出现这种现象。在你需要得到别人的帮助时，如果你上来就提出较高的要求，则往往容易被拒绝；而倘若你先提出较低的要求，在较低的要求被对方接受后再去适当增加要求的分量，则成功的概率就会很高，这种现象就是被心理学家定义的“登门槛效应”，也叫得寸进尺效应。

在销售中，正确、恰当地应用“登门槛效应”往往会让我们取得意想不到的效果。例如，销售人员在推销商品时，并不是直接向客户提出买他的商品，而是先提出试用化妆品、试穿衣服的要求，等这些要求实现之后，才提出让客户购买的要求。

很多商家也深谙此道：在商场中，你相中了一件大衣。一看标价，800元，太贵了。你只好一步三回头、恋恋不舍地准备走开。此时精明的售货员发现了你的眼神。“小姐，喜欢这件衣服吗？”“喜欢是喜欢就是有点贵。”你惋惜地说。“没关系啊，小姐身材这么好，不妨穿着试试，我们这可以免费试穿。”禁不住她的再三劝说，你还是穿上了这件衣服。衣服款式不错，而且也很合身。但是想到价格，你还是打算放弃。此时的售货员极力夸赞：“小姐皮肤多白啊，身材又好，我们这件衣服就是为小姐量身定做的。既然都穿上了，就别脱下来了，穿着走吧。”说完，将你的旧衣服迅速包好。最后，你还是咬咬牙把这件已经穿上的衣服带回了家。

一次，一个旅游团不经意地走进了一家糖果店。他们在参观一番后，并没有购买糖果的打算。

临走的时候，服务员将一盘精美的糖果捧到了他们面前，并且柔声慢语："这是我们店刚进的新品种，清香可口，甜而不腻，请您随便品尝，千万不要客气。"

如此盛情难却，旅游团成员觉得既然免费尝到了甜头，不买点什么，确实有点过意不去，于是每人买了一大包，在服务员"欢迎再来"的送别声中离去。

这个事例中的服务员开始并没有直接劝说客户购买商品，而是提出免费试吃，提出一个通常人们都能够或者乐意接受的小小要求，从而一步步地最终达成自己推销的目的。其实对于销售人员来讲，最困难的并非是推销商品本身，而是如何开始这第一步。当你同意了销售员的第一次请求后，可以说他的推销已经成功一半了，即使你开始并不想买他的账，仅仅是想看看他如何表演。有时我们会发现这种方法的确是个达成自己目标的好办法，尤其是用于和不太熟悉的人打交道的时候，偶尔使用一次，成功率还是挺高的。

首因效应：给客户留下美好的第一印象

在人与人的交往中，我们常常会说或者会听到这样的话：

“我从第一次见到他，就喜欢上了他。”

“我永远忘不了他留给我的第一印象。”

“我不喜欢他，也许是他留给我的第一印象太糟了。”

“从对方敲门入室，到坐在我面前的椅子上，就短短的时间内，我就大致知道他是否合格。”

这些话说明了什么？说明大多数的人都是以第一印象来判断、评价一个人的。

对方喜欢你，可能是因为你留给他的第一印象很好；对方讨厌你，可能是你留给他的第一印象太糟。

这就是所谓的首因效应。首因效应，也叫作“第一印象效应”，是指最初接触到的信息所形成的印象对我们以后的行为活动和评价的影响。通常，人在初次交往中给对方留下的印象很深刻，人们会自觉地依据第一印象去评价某人或某物，今后与人、物打交道的过程中的印象都被用来验证第一印象。

销售人员留给客户的第一印象是否好，几乎就决定了其销售的成败。

李东华是某公司经理，一天，他接到一个电话，说向华公司的销售员想拜访他，基于产品质量不错，所以李东华决定下午三点请那位销售员到自己办公室见面。

下午三点，有人敲门，在李东华的一句“请进”之后，进来一个人，只见他穿一套旧的、皱皱巴巴的浅色西装，羊毛衫，打一条领带。领带飘在羊毛衫的外面，有些脏，好像有油污。黑色皮鞋，没有擦，看得见灰尘。

有好大一会儿，李东华都在打量他，心里在开小差，脑中一片空白，也听不清他在说什么，只隐约看见他的嘴巴在动，还不停地放些资料在他面前。

等他介绍完了好一会，李东华还沉浸在这名销售员的打扮上，等他回过神来，马上对销售员说：“把资料放在这里，我看一看，你回去吧！”

就这样，这名销售员就被打发走了。

曾经有位资历较深的销售专家这样告诫涉足营销的同人们：在销售工作中，懂得形象包装，给人以良好的第一印象，是成为永远赢家的基础。这话的确是经验之谈。人都是重“感觉”的，第一印象往往决定对方与你未来的发展关系。如果在双方初次见面时，留下的是负面的第一印象，那么，即使你的专业能力再强，也很难有机会得到证明了。相反，如果你给客户留下美好的第一印象，你就有机会施展才华了，因为“良好的开端，是成功的一半”。

杰克是一个跨国集团的地区负责人，因为工作需要，他要到一家

公司与经理面谈。

杰克到那个经理办公室的时候，正赶上经理在批评下属。那个经理对着犯错的下属咆哮着，毫不顾及杰克的来访，等训斥完了，还大声地命令下属“马上滚蛋”。这个经理的行为让杰克感到异常的不舒服，他觉得自己来错了。晚上，经理和他的下属宴请杰克，陪同的人员里有一个人不擅长喝酒。“不会喝酒的男人，哪里是真的男人？！”经理不满地斥责下属，似乎杰克不存在似的。这让杰克十分尴尬，只好靠转移话题来化解。但是杰克没想到酒过三巡的时候，那个经理又开始批评饭桌上的酒菜，甚至还用带着明显奉承的口气，对杰克所在国家的饮食大加赞赏。杰克心里很清楚，这个经理过度的夸张，无非为了要讨好他。等杰克回去后，马上终止了和这家公司的合作，因为在他看来，这家公司的经理留给他的简直是无法容忍的、糟糕透顶的第一印象。杰克根本不敢想象要和如此没有修养、不懂得为人基本礼貌的人进行合作，他认为这样的人迟早会被残酷的商场所淘汰。

有一句谚语是这样说的：第一印象永远不可能有第二次机会。作为一名合格的销售人员，任何时候都要尽己所能给客户留下良好的印象，只有在客户接受你的情况下，他才会考虑接受你的商品。

那么，怎样才能给客户留下良好的第一印象呢？心理学家提出下面几条建议。

1. 衣着、仪表得体

大家都了解第一印象的重要性，而研究发现，50%以上的第一印象是由你的外表造成的。你的外表是否清爽整齐，是让身边的人决定你是否可信的重要条件，也是别人决定如何对待你的首要条件。

着装打扮的好坏与否，对一个人给别人留下怎样的第一印象是十分重要的。首先，着装打扮一定要整洁得体。无论见什么人，穿着整洁、得体，都会给别人留下好的印象。其次，要根据场合选择合适自己的服装。不同场合有不同的服装标准，切忌不分场合胡乱穿衣，这会给人留下很差的印象。

2．不要打断客户谈话

与客户交谈，你要目视对方，赞成就点头，有趣就微笑，不要随意打断客户的话，但可以询问，以表示你在用心听。

3．待人要真诚热情

对客户讲话时，你的态度应该诚恳，要避免油腔滑调、高谈阔论、哗众取宠、垄断话题，否则会使客户感到不愉快。实事求是，态度热情，往往会给客户一种信赖感、亲近感，这有利于交往的继续深入；反之，如果言不由衷、转弯抹角、态度冷淡，则给人一种虚假、冷淡的感觉，交往很难再深入下去。

4．举止要适度

行为举止是一个人的内在气质、修养的表现。所以你要注意文明礼貌，不要莽撞，不要张狂，忌不懂装懂，盛气凌人，指手画脚；不要对人打喷嚏、咳嗽；不要歪歪斜斜地坐着，跷二郎腿；说话时不要手舞足蹈、唾沫四溅；不要当众剪指甲、挖鼻孔、抠脚丫。

从众效应：激发客户的购买欲望

所谓从众心理指的是个人受到外界人群行为的影响，而在自己的知觉、判断、认识上表现出符合于公众舆论或多数人的行为方式的心理。说得直白一些，从众心理就是别人做什么，自己自觉不自觉地跟着做什么。比如，在十字路口站着几位行人，红灯亮了，然而路面上并没有行驶的车辆。这时有一人不顾红灯穿越马路，接着两人、三人……恐怕后面的人明明知道这样做是不对的，但他们还是做出了与大众相同的举动——穿越马路。又如在商场中，当某种商品前围着很多人的时候，一般人们都会跑过去瞧一瞧，凑凑热闹。这就是“从众心理”的力量。

让我们看看从众效应在销售中的应用：

销售员：“是刘总啊，您好，您好！”

客户：“小汪啊，我上回看中的那辆奥迪，还没有谁付下订金吧？”

销售员：“哦，那辆车，客户来了都要看上几眼，好车嘛。但一般人哪买得起，这不，它还等着刘总您呢。”

客户：“我确实中意这辆车，你看价格上能否再优惠些，或者我是否有必要换一辆价位低一点的？”

销售员：“价格是高了一点，但物有所值，它确实不同一般，刘总您可是做大生意的人，配得上！开上它，多做成两笔生意，不就成了嘛。”

客户：“你们做销售的呀，嘴上都跟抹了蜜似的。”

销售员：“刘总，您可是把我们夸得太离谱了呀。哦，对了，刘总，××贸易公司的林总裁您认识吗？半年前他也在这儿买了一辆跟您一模一样的车，真是英雄所见略同呀。”

客户：“哦，林总，谁人不知啊，只是我这样的小辈还无缘和他打上交道。他买的真是这种车？”

销售员：“是真的。林总挑的是黑色的，刘总您看要哪种颜色的？”

客户：“就上回那辆红色的吧，看上去很有活力，我下午去提车。”

这个案例中的销售人员就是抓住了客户的从众心理，于是轻松地就做成了一笔买卖。

一般人都会这么认为：当自己拿不定主意的时候，跟潮流绝对不会错，所以人们就有了一种从众心理。作为销售人员，就要好好地利用客户的这种从众心理。当你在向客户推销你的产品的时候，你首先告诉他，有多少人买过你的产品，那么这对客户的影响将会是很大的。

日本有位著名的企业家，名叫多川博，他因为成功地经营婴儿专用的尿布，使公司的年销售额高达70亿日元，并以20%速度递增的辉

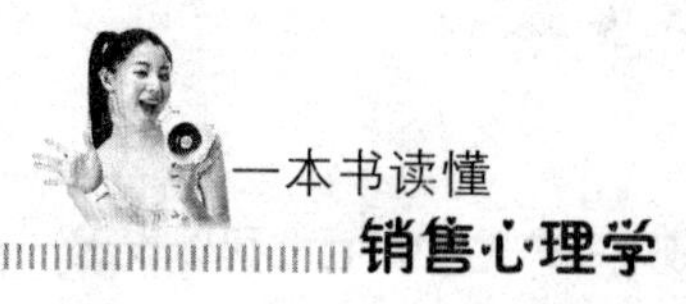

煌成绩而一跃成为世界闻名的“尿布大王”。

在多川博创业之初，他创办的是一个生产销售雨衣、游泳帽、防雨斗篷、卫生带、尿布等日用橡胶制品的综合性企业。但是由于公司泛泛经营，没有特色，销量很不稳定，曾一度面临倒闭的困境。在一个偶然的机会，多川博从一份人口普查表中发现，日本每年出生约250万婴儿，如果每个婴儿用两条尿布，一年就需要500万条。于是，他决定放弃尿布以外的产品，实行尿布专业化生产。

尿布生产出来了，而且采用了新科技、新材料，质量上乘。公司花了大量的精力去宣传产品的优点，希望引起市场的轰动，但是在试卖之初，基本上无人问津，生意十分冷清，几乎到了无法继续经营的地步。多川博先生万分焦急，经过苦思冥想，他终于想出了一个好办法。他让自己的员工假扮成客户，排成长队来购买自己的尿布，一时间，公司店面门庭若市，几排长长的队伍引起了行人的好奇：“这里在卖什么？”“什么商品这么畅销，吸引这么多人？”如此，也就营造了一种尿布旺销的热闹氛围，于是吸引了很多“从众型”的买主。随着产品不断销售，人们逐步认可了这种尿布，买尿布的人越来越多。后来，多川博公司生产的尿布还出口他国，在世界各地都畅销开来。

尿布的畅销就是利用客户的从众心理打开市场的。一般而言，客户在购买产品时，不仅会考虑自身的需要，还会顾及社会规范，并以大多数人的行为作为自己行为的参照。在销售中，销售人员可以利用客户的这种心理，营造一种众人争相购买的气氛，促成客户迅速做出购买决策。

在实际运用中，销售人员应注意以下几个问题：

1．用实物证明

销售人员在向客户做介绍时，最好在推销现场向客户出示实物证明，如合同文本、用户感谢信等，以提高客户对产品的信赖和购买兴趣，增强客户交易信心。

2．所列举的人物要与产品有关

运用从众心理促成交易时，销售人员所列举的人物、事迹、经验必须与推销的产品有密切的关系。

3．利用从众成交法时，要找知名人物或权威人士

销售人员向客户列举的人物不能任意虚构，而应为公众所熟悉，最好为客户所崇拜，倘若推销工作没有通过名人、明星、专家、教授、官员、领袖等人物做说服宣传，那么，客户的从众心理就会降低。

4．说服重要客户

销售人员可以寻找具有影响力的重要客户，把推销重点放在说服重要客户上，在取得重要客户合作的基础上，带动和号召其他客户购买。

5．讲职业道德

运用从众成交法时，销售人员要讲究职业道德，不要欺骗客户。

权威效应：客户往往喜欢跟着“行家”走

权威效应，又称为权威暗示效应，是指一个人要是地位高，有威信，受人敬重，那他所说的话及所做的事就容易引起别人重视，并让他们相信其正确性，即“人微言轻、人贵言重”。

有一个著名的心理学试验就验证了这种“权威效应”：

在美国某大学心理系的一堂课上，一位教授向学生们介绍了一位新来宾——施米特博士，并说他是世界闻名的化学家。施米特博士从皮包中拿出一个装着液体的玻璃瓶，说：“这是我正在研究的一种物质，它的挥发性相当强，当我拔出瓶塞，它马上会挥发出来。但它完全无害，气味也小，没什么刺激性。当你们闻到气味，就请立刻举手。”

说完话，博士拿出一个秒表，并拔开瓶塞。一会工夫，只见学生们从第一排到最后一排都依次举起了手。但是随后，心理学教授告诉学生们：施米特博士只是本校的一位化学老师乔装扮成的，而那种物质只不过是蒸馏水。

这个实验中，人们宁可相信权威的“施米特博士”，也不愿意相信自己的鼻子，这是多么荒唐啊！同时这也验证了“权威”对我们的影响力要超出常人。

这正是权威效应的奥妙之所在。有人群的地方总会有权威，人们对权威普遍怀有尊崇之情，人们对权威的深信不疑和无条件遵从，会使权威形成一种强大的影响力。如果利用这种权威效应，那么可以在很大程度上影响和改变人们的行为。销售人员在进行销售时，“权威效应”同样奏效。

比如鞋店老板受到投诉最多的是客户总抱怨左脚的鞋不好穿或者觉得两只鞋子大小不一样。投诉是商业买卖中司空见惯的现象。面对这种情况，如果不处理好客户的抱怨，最终会导致客户要求替换一双新的鞋子或者直接退货。如果长此下去，难免会因亏损而破产。这种时候，店老板只要以权威的口安慰客户说：“您是知道的，一般来讲，人的左脚总是要比右脚大一些。”这样一来，大多数的客户都能在心理上接受。

这是一种专业化的建议和劝说，采取的是利用“权威效应”对客户进行暗示的心理谋略。此方法非常奏效。客户对于没有把握的产品，如果行家断言是正确的，那么客户便会对该产品的质量和信誉深信不疑。因此，商店在面对客户投诉的时候，与其让普通店员去处理，不如由老板亲自接待，效果会更好一些。

在现实生活中，人们往往喜欢购买各种名牌产品，因为它有明星的代言，有权威机构的认证，有社会的广泛认同，这样可以给人们带来很大的安全感；还有学生们在购买参考书和练习试题时，也会选择有名的出版社出版的，或者著名的教授、学者编写或推荐的，他们认为从权威这里可以获得更多的益处。这都是在销售过程中，权威效应起到的巨大影响。因此，如果销售人员能够巧妙地运用权威引导力，则能对销售起到很大的促进作用。

王峥是某机电工厂的销售人员。一次，在与一个客户进行商谈的时候，他发现对方是一个心思极为缜密的人，因此在向客户介绍商品的时候讲解得特别详细，在回答客户的咨询时也回答得比较有条理，同时还把客户的意见用小本子记录下来。

王峥又给客户提供了一份商品的市场调查报告，便于客户进一步了解自己商品的真实销售情况。对于这一点，王峥很是自信，因为本公司的商品销量确实很好，在市场上也有一定的名气，对客户也很有说服力。

但在交谈过程中，王峥发现客户对自己的商品质量还是有很大的疑虑。一连几次的回应都是：我们考虑一下、还要向领导请示一下等。

这下可把王峥难住了，到底是哪里出了问题呢？无奈之下只好向经理做了汇报，并寻求帮助。

具有丰富实战经验的经理只回答了一句话：两天后，会有一份资料传真给你，你拿给客户。

王峥收到文件后，按照经理的指示直接送到客户的桌上，客户高层研究后态度大变，爽快签约。

原来，那份资料是王峥公司与客户所在行业中某家龙头企业的合作报告，并附带了该行业内权威专家的评价。客户看到这些极具权威效应的资料，才终于消除了疑虑，很放心地做出了购买的决定。毕竟有那么多权威的推荐和认可，自己也没有什么不放心的了。

上述例子中，王峥所在的公司就是巧妙利用权威效应的影响，来赢得客户的认可的。看来，在劝说他人支持自己的行动与观点时，恰当地利用权威效应，不仅可以节省很多精力，还会收到非常好的效果。

权威效应是一种可以诱导他人心理的心理暗示，也是一种最常见的销售技巧。在销售中，销售人员恰当地运用“权威效应”，便能够消除客户的一些顾虑，改变客户的一些想法，使客户更加相信你的产品，从而产生购买行为。

留面子效应：让客户心甘情愿地“上当”

有两家卖粥的小店，每天的顾客相差不多。然而晚上结账时，左边那家小店总比右边那家多出两三百块钱，天天如此。

到底是什么原因呢？原来，走进右边粥店时，服务小姐微笑着迎上前，盛了一碗粥，问道：“加不加鸡蛋？”客人说加，小姐就给客人加了一个鸡蛋。每进来一个人，服务小姐都要问一句：“加不加鸡蛋？”有说加的，也有说不加的，数量大约各占一半。而走进左边粥店，服务小姐也是微笑着迎上前，盛上一碗粥，问：“加两个鸡蛋？”爱吃鸡蛋的说加两个，不爱吃的就说加一个，也有要求不加的，但是很少。一天下来，左边这个粥店就总比右边那家卖出更多的鸡蛋。

造成这种现象的原因，就是心理学上所说的“留面子效应”。心理学家认为，在提出自己真正的要求之前，先向对方提出一个大要求，遭到拒绝以后，再提出自己真正的要求，对方答应的可能性就会大大增加。

心理学家认为，留面子效应的产生，主要是因为人们在拒绝别人的大要求的时候，感到自己没有能够帮助别人，损害了自己富有同情心、乐于助人的形象，辜负了别人对自己的期望，会感到一点内疚。这时，人们为了恢复在别人心目中的良好形象，也为了达到自己心理的平衡，便欣然接受了对方提出的第二个小一点的要求。

“留面子效应”在销售中运用得很广泛，销售人员往往抓住客户的这种心理，在卖东西的时候先开出一个客户不能接受的“天价”，当客户一再砍价时再逐渐地降低价格，结果既满足了客户的心理，又降低了价格谈判的难度，轻松地取得了利润，获得了双赢。

例如，你看中了一件衣服，一问价钱居然要300块。你打定主意这件衣服最多出180元。“对半砍”总不会错，于是你对售货员说：“150元行不行？”

“150元我连本钱都没有收回来，实在亏大了。这样吧，你再加一点，我就给你带一件。”

“我最多出180元。”

“成交！”

你正偷着乐，以为只有自己掌握了砍价的“秘籍”，其实你不知道，精明的售货员早就摸透了你的心理，在砍价时运用了一个小小的心理策略，让你高兴地“上当”了。

销售最理想的结果就是双赢，客户买到了满意的东西，售货员得到满意的佣金，这样的交易才能做得长久。因此销售人员要学会这种让客户高高兴兴“上当”的心理策略。

某工厂自己创立了一个服装品牌，准备打开内地市场，奈何产品推出后经销商反应平淡，结果导致产品积压。

后来，他们趁当地举办一场全国性服装展览会的时机，邀请了全国一百多家经销商来参展，路费、住宿等费用全包，果然客商纷至沓来。

经销商来到当地后，该工厂先安排他们参观展览会，然后安排他们游玩当地的风景名胜。到第四天，该厂把他们集中到厂里召开一个内部交流会。会上该厂老总提出了一个要求：“请大家协助我们在当地开一家我们公司所经营的品牌的专卖店。”老总把开店的费用逐项列了出来，大概要十几万元。这一下所有的客商都不敢吭声了。老总见时机已到，马上按计划提出第二个请求：“如果大家觉得开专卖店有困难，那就以后再说，但现在还是先请大家带点货回去试销一下，如果销量好，大家对我们的品牌有信心，我们再谈专卖店的事。”经销商听到这个请求不难做到，便纷纷答应了，并且对产品的价格也没有提出过多的异议。这样，积压的产品也就解决了。

在这个案例中，该厂老总运用的就是留面子效应，开专卖店只不过是个幌子，老总知道没有人会投十几万元冒这个险，所以他随后又把要求降低，给客商一个台阶下，从而达成自己真正的目的。

总之，销售人员应该善于运用“留面子效应”。

第八章 影响销售的心理误区

——聪明过了头，就会被聪明误

热情过度，只会吓跑客户

销售是一门科学，更是一门艺术，并非服务得越多，效果就越好。特别是对于门面店的销售人员来说，过度热情容易使客户产生厌烦情绪。

大多数消费者都有这样的经历，从你进入一家门面店的那一刻起，销售人员就寸步不离地尾随在你身后，不停地介绍，大有你不买他誓不罢休的架势，热情过度而让人不自在。

有部分专卖店，在你刚一进去，所有销售人员就大声喊“欢迎光临×××”，会吓你一跳。随后，就有一名销售人员跟在你旁边。如果你想安静地挑选货品，结果销售员一直在旁边“帅哥”“美女”不离口地推荐。如果你多看哪件货品几眼，销售员立刻会介绍这款货品的风格，并且建议你试穿，而且不断夸你有气质，“特适合这款衣服/鞋子”，叫你无法安心选择。你走到哪里销售员就跟到哪里，你摸摸衣服，勤快的销售员马上会整理衣架，让你感觉像被盯梢似的，在店里不敢多作停留。

一般来说，客户不喜欢“压力购物”与“压力消费”，过度热情也是一种压力，客户需要无压力的自主空间，否则就会“逃跑”。

过度热情会吓跑客户，原因有四个方面：第一，客户认为过度热情必有所图，其中存在猫腻或者陷阱；第二，过度热情破坏了客户的消费心情，这种干扰式服务让客户心理上不舒服；第三，客户需要自由选择的空间，过度热情的推荐让客户失去了选择的自由；第四，过度热情服务容易打乱客户的购物计划，甚至使客户彻底放弃购物计划。

当客户走进店里，销售员表现出热情是必要的，但是要把握好度，否则过犹不及。

在现实中，不恰当的热情有很多种，如客户边走销售员边荐购，追着客户介绍与推销商品；超越客户的购买需要，不停地推荐其他商品；客户不想尝试或体验，却强烈地推荐或引导客户体验；在客户认真地自我选择的时候突然地介入；客户已经表示不买，但销售员依旧不停地游说客户；销售员集体上阵，对客户实施“轮番轰炸”；向客户提问过多，甚至涉及客户个人隐私。

李华很不愿意去离家仅十几步的那家烟酒超市——不是在那买到过假烟，而是它的门面十分气派，面积不大，但显得格外空旷，有时只是想随便看看，售货员却寸步不离地跟在身后，介绍你关注的每一件商品；有时只是想随便买包烟，售货员却会非常热情地介绍起各种品牌……

这显然是一个过度热情推销的事例。事实上，许多客户进店购买商品，都带有目的性，就算不是非买什么不可，也可能有所关注。因此销售人员要给客户留有一定的自主空间，让他们选择自己中意的商品。如果客户一进店，你就喋喋不休，像影子一样步步紧跟，只会给客户造成压迫感，这不是热情，这分明是要赶紧打发他走人。另外，如今的客户大多以理智主导为主，他们有很强的独立自主性，对外来干扰很敏感，一旦客户对你的店产生“王婆卖瓜”的感觉，就很容易造成情感上的不可弥补的流失。

在购买前，买卖双方是“对手”，客户总会怀疑卖方过度热情的动机与目的。过度热情只会适得其反，它不仅破坏了客户良好的购物心境，而且会增强客户的逆反心理和对商家的不信任感。客户害怕自己被当成了“猎物”，害怕自己被宰，害怕自己花冤枉钱。所以，过度热情的结果只能是“剃头担子一头热”，只能事与愿违，赶走更多的客户。

凡事都应该有个度，销售也是如此。好的商品还需有好的购物环境，销售人员应该给客户更大的选择空间和挑选余地，再配以合理的介绍，这样才能让客户在消费时感到满意。

具体来说要做到以下两点：

1．适时介入

一般而言，出现以下情况时，销售人员才该“出手”：消费者对商品缺少必要的了解；在选择时举棋不定，无法评价不同商品之间的优劣；消费者主动咨询；消费者表现出失望，即将离去之时等。

2．适度介入

把握介入的“度”要做到以下几方面：首先，广泛推荐，重点介绍，不要单一性介绍，除非消费者点购。其次，保持不远不近的距离，当客户示意你过去时，再上前介绍，若客户已做出决定，你不宜做其他过多的介绍与推荐。再次，等待客户求援。有时，客户在面临购买决策时，会主动向你求援，这时临场发挥即可。最后，为客户提供合理的购买建议，以保证客户的利益。

管住自己的嘴，不要随便乱说话

销售人员与客户交流时应该避免使用“禁言”，因为这些话语容易在有意或无意中对客户的心理造成伤害，使客户产生不满和抱怨，所以，销售人员在实际工作中应该多加注意，以免因失言，而“祸从口出”。

1. 不能说推卸责任的话

很多人在受到谴责时，第一个反应就是为自己辩解，反击对方。虽然这样做可以厘清责任，但这种方式却容易让别人觉得你是在推卸责任。如果身为销售员的你对客户采用这样的说话方式，那么他肯定是会跟你翻脸的。

有一次，张阿姨从一名销售员那买了几包有机食品，没想到其中一包打开来居然是发霉的，于是她马上就打电话问那名销售员。谁想到那名销售员却回答说：“可是我拿给您的时候，包装都是完好的啊，是不是您保存的方法有问题啊？”原本情绪就不好的张阿姨听他这么一说就更气愤了，好像是她自己弄坏的一样。但是，最后张阿姨还是耐着性子告诉那名销售员：“如果是保存出问题，应该其他包也会坏掉，但其余的并没有这种问题。”

这名销售员倒是很沉稳，又开口说：“那可能是厂家在一开始时就出问题了，包装上有厂家的电话。如果您认为有必要的话，可以直接问他们。”

听完这句话后，张阿姨先直接挂断了电话，然后又拿起电话拨通了总公司，投诉这名销售员。最终，这名销售员当月的奖金被全部扣掉了，并且还险些丢了饭碗。

那名销售人员推卸责任的态度，怎么不会引起客户的反感呢？毕竟任何一个人都是不会喜欢自己被怀疑的。尤其，在产品出了问题时，销售人员居然还要让客户自己找厂商，那公司要你这个销售人员干什么用的？客户是不是从你这里买的呢？不直接找你又找谁呢？这些话虽然说得有点重，却是不容置疑的事实。

2. 不能跟客户说“我忙”

销售人员属于服务行业，如果你的客户越多，业务越忙，就说明你所取得的业绩越好，效益越高。然而，有些销售人员在面对越来越多的客户和越来越忙的业务时，往往会应付不过来，冷静不下来，因此对客户“怠慢”起来，以“我忙”来慢待客户，针对这种情况下该如何做才是最正确的呢？

一天，小卢去市场买靠垫。他走进一家商店，并在店里转了一圈，但没有看到一个销售员，心想：这家店怎么没有人啊。但是，他恰恰就是在这里找到了自己喜欢的靠垫，于是他就大声问道：“这家店里有没有人啊？我要买靠垫。”

谁知这时从后面发出来一个声音，“嚷什么呀，我早看到你了，你没有看见我在忙着吗？想买东西就过会儿再来。”那家店的销售员在后面一边搬东西，一边说着。此时的小卢早就气呼呼地走了，他心想：有什么了不起的，我还真就不在你店里买了。这么多的店，我就不信找不到其他令我满意的靠垫了。

不管手头有多少业务，不管你有多少理由，面对客户永远不要说“我忙”。因为你忙是应该的，有了业务你就应该忙起来，并且尽心尽力去做，只有这样，才能服务好客户，不断拓展业务，从而实现业绩的良性循环。另外，每名销售人员还要根据自己的能力、特长、业务量及时间分配等客观情况进行合理的安排。

不对客户说“我忙”，并不是要你明明忙得不可开交，却故意隐瞒，而是要求你在保质、保效的前提下，为客户提供服务。销售人员既要对客户负责，也要对自己负责。如果你冷淡、怠慢客户，就会在客户心中留下不良影响。

3．不说夸大不实之词

不要夸大产品的功能，因为客户在以后的日子里，终究会明白你所说的话是真是假。销售人员不能为了一时的销售业绩而去夸大产品的功能和价值，这样的结果就像一颗“定时炸弹”，一旦爆炸，后果将不堪设想。

任何产品都存在着不足的一面，销售人员要客观清晰地帮助客户分析自己产品的优势和劣势，帮助客户熟悉产品和市场，让客户心服口服。要知道，任何的欺骗和谎言都是销售的天敌。

4．禁用攻击性语言

俗话讲：“好话说人三冬暖，恶语伤人六月寒。”作为一名销售人员，无论是面对客户，还是面对处于竞争关系的同行，都不能使用带有攻击性色彩的语言来攻击，更不能是为了掩盖自己的短处，而把对方说得一钱不值，因为这会使你的形象在整个行业中大大降低。因此，使用一些攻击性的语言对自己的销售只能会起反作用，是有百害而无一利的。

5. 避免谈论隐私

在与客户沟通交流时，销售人员的主要目的是把握和了解客户对于产品方面的需求，而不是其自身的一些隐私问题。关于客户自身的隐私问题是绝对不能谈的，这是作为一名销售人员应该避免的一个问题。尽管在销售过程中，你需要和客户建立良好的感情，但是与客户良好的感情绝不是建立在与其谈论或交换私人隐私的基础之上的。由于每个人的隐私都是需要被尊重的，因此如果不是客户自己说的隐私，你最好不要去打探和询问，而关于自己的隐私，你最好也不要在客户面前谈论。试想即便谈完了，对于你的销售又能起到多少实质性的帮助呢？

6. 少说质疑性的话

在与客户进行沟通时，由于销售人员经常会担心客户是否能听得懂自己所说的话，所以会不断向对方提出质疑，比如，问客户："这个问题挺简单的，您能理解吧？""您明白吗？"或"您懂我的意思吗？"这些话听上去像是老师在质疑学生，自然这样的口气会让客户感到不舒服，甚至于让其心生反感。从销售心理学的角度来说，如果你以询问的态度一直质疑客户理解能力的话，他就很容易产生不满和抵触心理，自然也就体会不出你对他最起码的尊重来。与此相反，若是你把质疑的语气改成委婉柔和的语气的话，效果就会好得多，比如："您觉得我的说明您还满意吗？还有没有需要我再详细说明的地方？"对于这样的话语，客户既容易接受，又能很好地解决自己担心的问题。

7. 尽量回避说不雅、不吉利之言

每个人都愿意与有涵养、有层次的人在一起工作和交谈，而不愿与那些满嘴脏话的人打交道。因此，作为销售人员，一旦你养成了使用不雅的言语的习惯，必然会给自己的销售工作带来负面影响。这就要求销售人员在与客户进行交谈时，尽量避免出现不雅的言语。比如，你是个寿险销售人员，你和客户谈话的时候，最好回避诸如“死亡”“没命了”“完蛋了”之类的词语。那些有经验的销售人员，对这些不雅之言往往会以委婉的话来替代，如“丧失生命”“出门不再回来”等。不雅之言，人们不爱听，销售人员的个人形象也会因不雅之言而大打折扣，这是销售过程中必须避免的。我们一定要注意，优雅的谈吐会让你走上成功的捷径。

与客户争辩，没好果子吃

客户的意见无论是对是错、是深刻还是幼稚，你都不能表现出轻视的样子，或表现出不耐烦，或东张西望。不管客户如何批评，销售人员永远不要与客户争辩，争辩不是说服客户的好方法。与客户争辩，失败的永远是销售人员。

欧哈瑞现在是纽约怀德汽车公司的明星销售员。他是怎么成功的？这是他的说法："如果我现在走进顾客的办公室，而对方说：'什么？怀德卡车？不好！你送我我都不要，我要的是何赛的卡车。'我会说：'老兄，何赛的货色的确不错。买他们的卡车绝对错不了。何赛的车是优良公司的产品，业务员也相当优秀。'

"这样他就无话可说了，因为没有争论的余地。如果他说何赛的车子最好，我说不错，他只有住口。他总不能在我同意他的看法后，还说一下午的'何赛的车子最好'。接着我们不再谈何赛，我就开始介绍怀德的优点。

"而当年若是听到他那种话，我早就气得不行了。我会开始挑何赛的错；我愈批评别的车子不好，对方就愈说它好；愈是辩论，对方就愈喜欢我的竞争对手的产品。

"现在回忆起来，真不知道过去是怎么干推销工作的。花了不少时间在争辩，却没有取得有效的成果。"

卡耐基指出，十之八九，争论的结果会使双方比以前更相信自己是绝对正确的。要是输了，当然你就输了；如果争赢了，你还是输了。为什么？如果你的胜利，是基于对方的论点被攻击得千疮百孔，证明他一无是处，那又怎么样？你会觉得得意扬扬。但他呢？你使他自卑，你伤了他的自尊，他会怨恨你的胜利。而且——"一个人即使口服，但心里并不服"。

一句销售行话是："占争论的便宜越多，吃销售的亏越大。"销售不是和客户辩论。客户要是说不过你，他可以用不买你的东西来"赢"你啊。你不能语气生硬地对客户说："你错了。""连这你也不懂。"这些说法明显地抬高了你自己，却贬低了客户，会挫伤客户的自尊心。

位于美国纽约自由街114号的麦哈尼公司，是一家专门经销石油工业非标准设备的公司。有一次，该公司接到了长岛石油集团公司的一批订单。长岛集团在石油界举足轻重，是麦哈尼公司的重要客户。麦哈尼公司接到订单后不敢怠慢，抓紧时间把图纸设计好，送到长岛石油集团公司去审核。图纸经石油公司的总工程师批准后，麦哈尼公司开始动工制造。

然而，不幸的事情发生了：长岛石油集团公司的订货人在出席朋友家的私人宴会时，无意中谈起了这批订货。几位外行人竟然信口雌黄，说什么设计不合理、价格太贵等缺陷，大家七嘴八舌、叽叽喳喳。不负责任的流言使这位订货人产生了被人欺骗的感觉。这位订货人开始时六神无主，继而觉得真有其事，最后竟拍案而起，勃然大怒。他打电话给麦哈尼先生，大发雷霆，把麦哈尼公司臭骂一顿，发誓不接受那批已经开始制造的非标准设备。说完，啪的一声，把电话挂断。

电话那头，麦哈尼先生呆若木鸡。他被骂得“丈二金刚，摸不着头脑”。他还没来得及转过神，没有申辩一句，订货人就把听筒撂了。

麦哈尼先生从事石油非标准设备制造多年，经验丰富，是一位懂技术的经理。他把蓝图拿来，一一对照仔细检查，看不出半点纰漏。凭经验，他确认设计方案无误，于是就乘车去长岛公司求见那位订货人。在路上，他想，如果我坚持自己是正确的，并指责订货人在技术上错误的认识，那么必将激怒订货人，激化矛盾，使事态变得更加严重。麦哈尼先生心情平静地推开订货人办公室的门时，那位订货人立刻从椅子上跳起，一个箭步冲过来，噼里啪啦数落了一顿。他一边龇牙咧嘴，一边挥舞着拳头，气势汹汹地指责着麦哈尼公司。

在一个失去理智的人的面前，麦哈尼先生不气不恼，两眼平静地注视着对方，一言不发。也许是麦哈尼先生不温不火的态度感染了订货人，使订货人发现自己对一个心平气和的人发火是没有道理的。他突然停止了指责，最后耸耸肩，两手一摊，用平常的声音说了一句："我们不要这批货了，现在你看怎么办？"麦哈尼公司为这批订货已经投入了两万美元。如果对方不要这批货了，公司就要损失两万美元；如果与对方打官司，就会失去这位订货人。麦哈尼先生是一位出色的销售员，当订货人大肆发泄一通后，问他"好吧，现在你看怎么办"时，麦哈尼先生心平气和地说："我愿意按照您的意愿去办这件事。您花了钱，当然应该买到满意合用的东西。"麦哈尼先生只用两句话，就平息了订货人的冲天怒气。他接着开始提问："可是事情总得有人负责才行，不知这件事该您负责，还是该我负责。"平静下来的订货人笑着说："当然得你负责，怎么要让我负责呢？"

"是的。"麦哈尼说，"如果您认为自己是对的，请您给我张蓝图，我们将按图施工。虽然目前我们已经花去两万美元，但我们愿意承担这笔损失。为了使您满意，我们宁愿损失两万美元。但是，我提醒您注意，如果按照您坚持的做法去办，您必须承担责任，如果让我们照着计划执行——我深信这个计划是正确的，我负一切责任。"

麦哈尼先生坚定的神情、谦和的态度、合情合理的话，终于使订货人认识到他发脾气是没有道理的。他完全平静下来以后说："好吧，按原计划执行，上帝保佑你，别出错！"结果当然是麦哈尼先生没有错，按期交货后，订货人又向他订了两批货。

麦哈尼先生说："当那位订货人侮辱我、在我面前挥舞拳头、骂我是外行时，我必须具备高度的自制力，绝对不能与他正面冲突。这样做的结果很值得。要是我赤裸裸地直接说他错了，两人争辩起来，很可能要打一场官司。那时的结果是：感情和友谊破裂，金钱受到损失，最终失去一位重要的客户。在商业交往中，我深深相信，与客户争吵是划不来的。"

人有一个通病，不管有理没理，当自己的意见被别人直接反驳时，内心总会不痛快，甚至会被激怒。心理学家指出，用批评的方法不能改变别人，而只会引起反感；批评所引起的愤怒常常引起人际关系的恶化，而所被批评的事物依旧不会得到改善。当客户遭到一位素昧平生的销售人员的正面反驳时，其状况尤甚。销售人员不要对客户的反对意见完全否定，不管你是否在争论上获胜，都会对客户的自尊造成伤害，如此要成功地商洽是不可能的。因此，销售人员最好不要直接提出反对的意见，要给客户留"面子"。

不要急于成交，应给客户讨价还价的机会

很多销售人员为了促成交易，当客户一开始讲价时，他们就大方地表示同意，丝毫没有跟客户讨价还价。销售人员以为这样做是在让利给客户，会赢得客户。其实他们没有意识到，这样做反倒让客户对自己的报价后悔，从而产生得寸进尺的心理，迫使他们不断让步；同时商品在客户心目中的价值也在逐步打折。

客户的购买心理就是这样的，他们既希望商品非常有价值，又希望能以最低的价钱购买到商品。因此，销售人员一定要懂得客户的这种心理，首先要对自己的产品充满信心，并且不轻易做出让步，要先让客户感觉这个商品真的是物有所值的。如果客户实在要求降价的话，那么一定要与客户讨价还价，这样做既保持了商品本身的价值感，同时也缩小了你让步的尺度，并且让客户在获得商品后感到心满意足。所以，销售人员在交易的时候千万不要急于求成，太快交易只会让双方都不满意。

一对夫妇购买挂钟的经历就说明了销售人员过快地接受顾客的价格要求实在是失策之举。

一对夫妇在翻着杂志时，在插页广告中，看到一座古式挂钟被用

来当作背景，将环境衬托得非常古典、雅致。

太太说道："你瞧这钟多美！若是挂在家里的走廊上或是大厅中，那就再好不过了。"

先生回应道："是呀，我也正想买个类似的钟挂在家中，只是不知道要多少钱，广告中并没有提到钟的价钱。"

经过三个月的寻觅，他们终于在一项古董展示会场的参展商品中，找到了这座挂钟。太太兴奋地说："就是它，就是这个！"

"对呀！就是这个。"先生答道，"但是我们说好了，如果这个钟超过五百元我们就不买了。"

于是先生向销售员问道："这个钟二百五十元，卖不卖？"销售员丝毫没有犹豫，说道："这钟是你的了。"

这位先生的反应会如何？他会得意扬扬、沾沾自喜地想：马到成功，而且省了一半的钱吗？肯定不会的，他的第一个反应必然是：销售员都没有同我讨价还价，看来我出一百五十元就可以买下它了。这钟不会有什么质量问题吧。

当他提着钟走向停车场时，又对自己说道："这钟应该很沉才对，怎么这么轻呢？里面的零件一定有少的。"

这座美丽的钟挂在家里的走廊墙壁上，而且嘀嘀嗒嗒走得很准确，可是这对夫妻的心情却轻松不起来。为什么？只因为他们认为推销员"厚颜无耻"地收了他们二百五十元。

在销售中，如果销售人员想通过让利来促成交易的话，那么他应该让客户明白他的良苦用心，否则不但损失了利润，客户也不会感谢他。就如在上述案例中，其实客观地说，这个价格对销售人员来说已经很低了。但是销售人员不仅没有赚到多少钱，而且也没有让客户感到得到实惠，反而让客户觉得自己上当了、买贵了。这样做就是销售人员的失败了，他的失败之处就在于不懂得客户的心理，没有跟客户讨价还价，满足客户讲价的成就感。

所以，销售人员一定要引以为戒，在谈价格时，要提高期望值，不要太容易就达成协议，要让客户感觉到你是在割爱，你是很不乐意以这么低的价格把产品给卖出去的，让他们感激你，并且感觉从你这里得到了实惠，这样他们才会心满意足。当客户要求降价时，你可以将产品或服务的特色和优势向客户陈述清楚，并与同类产品进行对比，然后再适当降价，则容易较快地成交。

以貌取人，可能会判断失误

在销售的过程中，很多销售人员常常会陷入一个误区：以貌取人。这里指的以貌取人，并不是说这个人长得漂亮不漂亮，而是说销售人员看到这个人的穿着怎么样、气质如何，通俗地说就是看这个人有钱没钱，进而采取了不同的销售态度。

销售人员在销售过程中，仅以个人的眼光从衣着、从外表、言语等方面来判断客户的消费水平，往往很容易出错，以致失去销售机会。

一个炎热的午后，一位身穿汗衫、满身汗味的老农伸手推开汽车展示中心的玻璃门，一位笑容可掬的小姐马上迎上来并客气地问："大爷，我能为您做什么吗？"

老农腼腆地说："不用，外面太热，我进来凉快一下，马上就走。"

小姐马上亲切地说："是啊，今天真热，听说有37℃呢，您肯定热坏了，我帮您倒杯水吧。"接着，她便请农夫坐在豪华沙发上休息。

"可是，我的衣服不太干净，怕弄脏沙发。"老农说。

小姐边倒水边笑着说："没关系，沙发就是给人坐的，否则，我们买它做什么？"

喝完水，老农没事便走向展示中心内的新货车东瞧西看。

这时，小姐又走过来问："大爷，这款车很有力，要不要我帮您介绍一下？"

"不要！不要！"老农忙说，"我可没钱买。"

"没关系，以后您也可以帮我们介绍啊。"然后，小姐便逐一将车的性能解释给老农听。

听完，老农突然掏出一张皱巴巴的纸说："这是我要的车型和数量。"

小姐诧异地接过来一看，他竟然要订10辆，忙说："大爷，您订这么多车，我得请经理来接待您，您先试车吧……"

老农平静说："不用找经理了，我和别人一起投资了货运生意，需要买一批货车，我不懂车，最关心的是售后服务，我儿子教我用这个方法来试探车商。我走了几家，每当我穿着同样的衣服进去并说没钱买车时，常常会遭到冷落，这让我有点难过，只有你们这里不一样，你们知道我‘不是’客户还这么热心，我相信你们的服务……”

其实，助人为快乐之本，销售人员只要放下以貌取人的成见，抱着助人为乐的热忱，有时就会出现意想不到的事情！

一天，房地产销售大师霍普金斯正在一栋房屋里等顾客上门。不一会儿，一辆破旧的车子驶进了屋前的车道上，一对年老邋遢的夫妇走了进来。在霍普金斯对他们的到来表示出极大的热情的时候，他的助手却不屑一顾：“别在他们身上浪费时间，看看他们的样子能像有钱人？他们能买得起这么好的房子，说什么我也不信！”

霍普金斯说：“对人不礼貌不是我的本性，我依旧会像对待其他顾客一样，热情地对待他们。”他带这对老夫妇参观这个房子。

两个老人以一种敬畏的神态看着这栋内部气派典雅的房屋：四米高的天花板令他们眩晕得喘不过气来。很明显，他们从来没有走进过这么豪华的房屋。在看完第四间房屋之后，老头对他的妻子说：“多年来，我们一直梦想着有一栋有四个浴池的房子！”他接着对霍普金斯说：“多年以来，我们一直梦想着拥有一栋有四个浴池的房子。”

妻子注视着丈夫，眼眶里溢满了泪水，霍普金斯注意到她温柔地握着丈夫的手。

在他们参观完这栋房子的所有房间、每一个角落之后，回到客厅，“我们是否可以私下谈一下？”老头对霍普金斯说。

“当然。”他答应道。

几分钟后，他们招呼霍普金斯说："你进来吧。"

老头在楼梯上坐着，他从衣袋里拿出一个纸包，开始从纸包里拿出一沓沓钞票。请记住，这件事是发生在只能用现金交易的年代里的。

后来，霍普金斯才知道，这对老夫妇是一家一流宾馆的服务领班。多年以来他们省吃俭用，硬是把客人给他们的小费积攒下来，为的就是买一个带有四个浴池的房子。

优秀的销售人员对每一个客户都应该充满热情，应该对推着割草机的工人和制造割草机公司的总裁一样地尊敬和有热情，因为他们知道：订单往往会从出其不意的地方来。不要对任何人先下判断，优秀的销售人员都懂得这一点：绝不以貌取人，在销售领域中这点尤为重要。

贬低对手产品，难得客户信赖

俗话说"同行是冤家"，在推销中遇到竞争对手是一件很正常的事。这时你很可能为了竞争而贬低对手，不过奉劝你千万不要这样做，因为贬低对手只会让顾客降低对你的评价。正如马云所说："真正做企业是没有仇人的，竞争的时候不要带仇恨，带仇恨一定失败。"

人类因竞争而存在，社会因竞争而发展。竞争、斗争、较劲、嫉妒充斥着我们的生活，这些隐藏在我们身后的暗器，常会陷我们于不仁不义的境地。

余建明是从事房地产交易的一名销售人员，在工作中有一个名叫林建波的同事对他取得的超高业绩表现得非常嫉妒，将他看作自己工作发展道路上的眼中钉，时常喜欢在领导面前说他的坏话。

有一次，林建波接待了一位有意向余建明购买郊区别墅房子的大客户，但当时余建明因为有其他事情请假没来上班(根据房地产交易所的规定，客户一般情况下应该由第一次接待他的交易员接待)，于是林建波便开始带着这位客户去郊区看别墅去了。

在带着客户在别墅中四处转的时候，林建波一有机会就向客户贬低余建明，说他为人虚伪狡诈，而且有过欺骗客户的案例。当时客户听完后没有说什么，可是第二天客户便打来电话，说他不准备通过这家房地产交易所购买房子了，原因是“连余建明那么优秀的房屋销售员都如此不可信，那么这家公司一定不值得信赖”。得知事情真相的销售经理当即决定辞退林建波，但是房地产公司的损失却难以挽回了。

我们经常听说这样一句话：“不要说别人不好，而要说别人的好话。”对竞争对手的攻击往往不会达成消灭对手的目的，反而会使自己的形象大打折扣，最后受伤害的往往是自己。

某公司的董事长正打算购买一辆不太昂贵的汽车送给儿子做高中

毕业礼物。福特牌轿车的广告曾给他留下印象，于是他到一家专门销售这种汽车的商店去看货。而这里的售货员在整个介绍过程中却总是在说他的车比“菲亚特”和“大众”强。作为董事长的他似乎发现，在这位推销员的心目中，后两种汽车是最厉害的竞争对手，尽管董事长过去没有买过那两种汽车，他还是决定最好先亲自看一看再说。最后，他买了一辆“菲亚特”。

不贬低诽谤竞争对手的产品是销售人员的一条铁的纪律。一名合格的销售人员一定要记住，把别人的产品说得一无是处，绝不会给你自己的产品增加一点好处。

做事先做人，背后说人是非，暴露的是自己品德的缺失，而在攻击竞争对手的同时，你也会使自己失去他人的拥护。

一位家具销售员曾经说过发生在她身上的例子：“有一位顾客来看家具已经多次了，只看不买。每次来我都热情地打招呼，不厌其烦地给他讲他提出的种种问题。我并没有着急让他赶快定下来，而是让他货比三家，在介绍产品时我就只介绍自己的产品优势。这位顾客很受感动，他说你这个人心眼真好，从不贬低别人的产品，值得信任。”最终这位顾客订下10多万的商品。现在这位顾客又介绍他的朋友来签订了订货合同。

小敏是一名化妆品销售员，她推销的化妆品主要针对中干性肤质的客户，但是，很多时候有的客户是油性和敏感性肤质。每当这个时候，她会把这个客户推荐到对面的一家店，“那个品牌的化妆品更适合您的皮肤，你可以到对面的店看看……”或者针对客户的皮肤和产品特点给予最中肯的建议。看到她的诚意，无论是对面店里的销售人员，还是客户，都成了她的朋友，有什么需求也向她推荐。

有时候，不失时机地夸赞竞争对手反而可以获得意想不到的结果。对竞争对手的评价，往往最能折射出一个商业人士的素质和职业操守。只有保持客观公正的态度评价竞争对手，不隐藏其优势也不夸大其缺点，才能让你的客户从你的评价中了解相关信息，并感受你的素质和修养。

记住：攻击竞争对手，伤的是自己。不要攻击你的竞争对手，而要说他的好话。

注重服务，销售不是“一锤子买卖”

许多销售人员都认为成交意味着销售的结束，以为成交了就等于画上了一个圆满的句号，就万事大吉了，实际上并非如此。

世界知名的销售员从来都不会把成交看成销售的结束，乔·吉拉德曾经说过：“成交之后才是销售的开始。”

销售成功之后，吉拉德需要做的事情就是，将那些客户及其与买车子有关的一切信息，全部记进卡片里面；同时，他对买过车子的人都寄出一张感谢卡。他认为这是理所当然的事。所以，吉拉德特别对买主寄出感谢卡，买主对感谢卡感到十分新奇，以至于印象特别深刻。

不仅如此，吉拉德在成交后依然站在客户的一边，他说："一旦新车子出了严重的问题，客户找上门来要求修理，有关修理部门的工作人员如果知道这辆车子是我卖的，那么他们就应该马上通知我。我会立刻赶到，我一定让人把修理工作做好，让客户对车子的每一个小地方都觉得特别满意，这也是我的工作。没有成功的维修服务，销售也就不能成功。如果客户仍觉得有严重的问题，我的责任就是要和客户站在一边，确保他的车子能够正常运行。我会帮助客户要求进一步的维护和修理，我会同他共同争取，一起去对付那些汽车修理技工，一起去对付汽车经销商，一起去对付汽车制造商。无论何时何地，我总是要和我的客户站在一起，与他们同呼吸、共命运。"

吉拉德将客户当作长期的投资，绝不卖一部车子后即置客户于不顾。他本着来日方长、后会有期的意念，希望他日客户为他不断介绍亲朋好友来车行买车，或客户的子女已成长而将车子卖予其子女。卖车之后，他总希望让客户感到买到了一部好车子，而且能永世不忘。客户的亲戚朋友想买车时，首先便会考虑到找他，这就是他销售的最终目标。

车子卖给客户后，若客户没有任何联系的话，他就试着不断地与那位客户接触。打电话给老客户时，他开门见山便问："以前买的车子情况如何？"通常白天打电话到客户家里，来接电话的多半是客户的太太，她大多会回答"车子情况很好"；他再问："任何问题都没有？"顺便向对方示意，在保修期内应该将车子仔细检查一遍，并提醒她在这期间送到店里是免费检修的。

吉拉德说："我不希望只销售给客户这一辆车子，我特别爱惜我的客户，我希望他以后所买的每一辆车子都是由我销售出去的。"

正因为吉拉德没有忘记自己的顾客，顾客也才不会忘记他。

销售是一个连续的过程，成交既是本次销售活动的结束，又是下次销售活动的开始。销售人员在成交之后继续关心顾客，将会既赢得老顾客，又能吸引新顾客，使生意越做越大，客户越来越多。

所以说，不论销售什么产品，如果你不能提供良好的售后服务，就会使努力得来的生意被竞争对手抢走。赢得订单，固然是销售工作的一个圆满"结束"，但从长远看，这只是一个阶段性的结束，不是永久的、真正的结束，反而是拓展推销事业的"开始"——开始提供长久的、良好的售后服务。

任何一家企业都有两类用户：暂时的用户和长久的用户。前者因各种原因而尝试选择购买某种产品，后者则倾心于某一产品及生产这一产品的企业。每一位用户最初都是暂时的用户。真正的推销不仅在于争取更多的人为自己暂时的用户，更在于把暂时的用户变为长久的用户并保持住长久的关系，做到这一点的关键在于售后服务。

如今人们买产品，同时也买服务，而且售后服务的好坏已成为人们对某种产品购买与否的重要考虑因素，因此良好的售后服务是销售成功的保证。不仅如此，它对于树立企业形象也起到了很大的作用。

美国IBM公司总裁沃森为该公司提出的目标是"要在为用户提供最佳服务方面独步全球"。他要求公司最高官员的助手在任职三年内只干一件事，就是对用户提出的每一条意见必须在24小时内予以答复。一次，美国佐治亚州亚特兰大市一家用户的计算机出了毛病，该公司在几小时内就从世界各地请来八位专家进行会诊，及时解决了问题。IBM公司坚持“用户至上”的做法一直被传为美谈，也使它在激烈的市场竞争中保持了其产品的市场占有率高达80%的良好业绩。

售后服务既是促销的手段，又充当着“无声”的宣传员工作，而这种无声所达到的效果，比那些夸夸其谈的有声宣传要高超得多。一个销售人员只要善于发掘，就能领略那“无声胜有声”的艺术佳境的妙趣。